Inhalt

Vorwort

Heute habe ich Schwein gehabt! - ist ein Ausruf der Begeisterung über ein Glück, welches einem unverhofft widerfahren ist. In dieser Form kann er jedoch nur von jenen verstanden werden, die das Schwein in seiner Verwendung als Glückssymbol kennen gelernt haben. Gilt dieses Tier in einem anderen kulturellen Kontext als Symbol ritueller Unreinheit, so lässt es sich schwer in Form eines Marzipanschweins als Glücksbringer verschenken.

Symbole des Glücks sind kulturelle Codes, die nicht aus sich heraus verstanden werden und deren ikonografische Details gelernt werden müssen. Kulturspezifisch geprägt sind auch Konzepte und Begriffe, mit denen Glückszustände bezeichnet werden. Darüber hinaus obliegt noch jedem/r Einzelnen, individuelle Glücksvorstellungen zu hegen. So sieht der eine in der Geburt eines gesunden Kindes das höchste Glück, der andere jedoch einen Knick in der Karriere.

Bedürfen kulturspezifische Glückssymbole einer Übersetzung und Vermittlung, so ist die Suche nach „Glück" ein allgemein menschliches Phänomen. Wie es sich im einzelnen ausdrückt und ob eine Suche nach Glück je erfolgreich gewesen ist, diesen und anderen Fragen wird im vorliegenden Begleitbuch zur Ausstellung am Beispiel populärer chinesischer Grafiken nachgegangen.

Die Ausstellung, eine Kooperation zwischen dem Museum für Angewandte Kunst und dem Museum der Weltkulturen, zeigt die Sammlung von Fritz Wiegmann ergänzt durch Werke, gesammelt von Detlev von Graeve, der uns großzügiger Weise die Sammlung zur Verfügung gestellt hat. Es sind Grafiken, als Massenware produziert, und mit einer leicht lesbaren Symbolik versehen. In den meisten Fällen wurden sie zum chinesischen Neujahrsfest an Türen und Wänden befestigt, um das Glück auch für das neue Jahr ins Haus zu holen.

Wie alle anderen kulturellen Phänomene auch, sind Glücksvorstellungen keine statischen Konzepte, sondern unterliegen den jeweiligen Lebensbedingungen einer Zeit. Dem Designer der Ausstellung und Gestalter des Begleitbuches, Horst Ahlheit, ist es gelungen, diesem Wandel in Glücksbildern während des 20. Jahrhunderts eine passende Form zu verleihen. Dieter Kramer (Oberkustos für Europa) hatte nicht nur Glück, dass diese perspektivenreiche und interdisziplinäre Kooperation gelang. Gemeinsam mit Detlev von Graeve und Eva Schestag entwickelte er das Konzept für Ausstellung und Begleitbuch. Für die wissenschaftliche Beratung danken wir Stephan Graf von der Schulenburg (Kustos für Ostasien im Museum für Angewandte Kunst).

In diesem Sinne: Seien Sie Ihres Glückes Schmied!

Dr. Anette Rein
Direktorin

Bilder vom Glück

Chinesische
populäre Grafik
aus dem
20. Jahrhundert.
Die Sammlung
Wiegmann

Herausgegeben von
Dieter Kramer

Mit Beiträgen von
Marie-Luise Beppler-Lie,
Detlev von Graeve,
Gerald Hüther,
Dieter Kramer,
Eva Schestag
und anderen

Museum der Weltkulturen
Galerie 37
Band 10
Frankfurt am Main 2002

galerie 37 | Museum der Weltkulturen

Impressum

Diese Publikation erscheint anlässlich der Ausstellung
Bilder vom Glück. Chinesische populäre Grafik aus dem
20. Jahrhundert. Die Sammlung Wiegmann

Museum der Weltkulturen Galerie 37, in Zusammenarbeit mir dem Museum für Angewandte Kunst
20. April bis 29. September 2002

Gesamtkonzeption und Räume:
Detlev von Graeve, Eva Schestag, Dieter Kramer
Ausstellungsgestaltung und Aufbau:
Horst Ahlheit, Peter Kraus

Detlev von Graeve stellte als Leihgeber die Sammlung Wiegmann zur Verfügung, deren Werke fast alle im Museum für Angewandte Kunst Frankfurt am Main als Dauerleihgabe aufbewahrt sind.
Ein Teil der Sammlung, damals noch im Besitz von Floryan Zgainski (gest. 1999), wurde 1984 in Köln ausgestellt (vgl. Edith Dittrich: Glück ohne Ende. Museum für Ostasiatische Kunst, Köln 1984).

Begleitbuch zur Ausstellung
Herausgegeben vom Dezernat Kultur, Sport und Freizeit

Konzeption und Redaktion:
Dieter Kramer
Visuelle Konzeption und Layout:
Horst Ahlheit, Jürgen Meyer

Reproduktionsfotografie: Stephan Beckers
Lithografie, Druck, Bindung:
Druckerei Henrich, Frankfurt am Main

Abb. 34 mit freundlicher Genehmigung des Ostasiatischen Museums Berlin.
Bildrechte für alle anderen Abbildungen bei Detlev von Graeve, Frankfurt am Main, und Willi Schmidt, Schwalbach (Abb. 42 und 50).
Zitate von Zirfas, Bloch, Bauer und Schulze mit freundlicher Genehmigung der jeweiligen Verlage.

Bilder vom Glück. Chinesische populäre Grafik
aus dem 20. Jahrhundert. Die Sammlung Wiegmann
/ hrsg. von Dieter Kramer.
Mit Beiträgen von Marie-Luise Beppler-Lie,
Detlev von Graeve, Gerald Hüther, Dieter Kramer,
Eva Schestag und anderen.
Museum der Weltkulturen Galerie 37
Band 10, Frankfurt am Main 2002.

ISBN: 3-88270-406-3

Grußwort

Überall, wo Menschen ihr gemeinschaftliches Leben in überdauernden Formen organisieren, denken sie darüber nach, was ihnen wichtig und wertvoll ist: Die Vorstellungen vom Glück zielen auf eine Balance von Wünschen und Möglichem, in ihnen eingeschlossen ist der Versuch, sich für das eigene Leben und das der Nachkommen dauerhaft in den Grenzen der Welt einzurichten. Das Pantheon der chinesischen Götter und Schutzpatrone, deren Segen die populäre chinesische Grafik zu beschwören sucht, zeigt uns die Fülle der Themen, die für die Qualität des Lebens wichtig sind.

Überlegungen und Wünsche der Menschen sind entscheidend dafür, wie sie mit den Ressourcen und Chancen ihrer Lebenswelt umgehen. Kennenzulernen, wie in ganz anderen Traditionen dies jeweils definiert und organisiert wird, hat im doppelten Sinne Bedeutung: Erstens zeigt es uns, dass es auch anders gehen kann als bei uns. Es lehrt uns zu relativieren, was für uns im Mittelpunkt steht, wenn wir sehen, wie anderswo die Gewichte verteilt sind. Ein Zweites ist mir wegen des unvermeidlichen Miteinander auf unserer kleinen und zerbrechlichen Welt besonders wichtig: Wenn wir die Anderen, mit denen wir in gemeinsamer weltweiter Verantwortung verbunden sind und mit denen wir in Frieden leben möchten, auf der Ebene der Mentalitäten verstehen wollen, dann hilft es uns, zu wissen, was für sie im Zentrum der Wünsche steht.

So bin ich dem Museum der Weltkulturen in Frankfurt am Main dankbar, dass es uns mit dieser Ausstellung Einblicke schenkt in die chinesische Vorstellungswelt und deren Wandel im letzten Jahrhundert und damit seinen Beitrag zu einem insbesondere mit China intensivierten „Dialog der Kulturen" leistet.

Dr. Ludger Volmer
Staatsminister im Auswärtigen Amt

Immer auf der Suche. Glück lässt sich nicht definieren

Dieter Kramer

Die Vielzahl der Ebenen

Ich weiß es! lese ich als Notiz in der Handschrift einer jungen Frau auf meinen Exzerpten zu dem Buch *Was braucht der Mensch um glücklich zu sein*, das sich aus politisch korrekter ökologischer Perspektive mit Aussagen der Wissenschaften zu Bedürfnistheorie und Dinggebrauch der Menschen beschäftigt.[1]

Die Spannweite des Themas „Glück" von Strategien und Wünschen, bezogen auf materielle Bedürfnisse, wie sie in dem genannten Buch diskutiert werden, bis zu euphorischen Zuständen des Verliebtseins, die in der wiedergegebenen Notiz aufscheinen, deutet sich an. Wir werden uns davor hüten, sie in diesem Band zu verringern, sollen doch die hier vorgestellten chinesischen Symbolisierungen von Glück auch dazu anregen, die eigenen Fragen zu stellen: Was ist uns, was ist mir wichtig zum Glücklichsein?

Das ist das Thema: Jeder hat seine eigenen Vorstellungen vom Glück, und sie wechseln im Laufe des Lebens. Die eingangs zitierte Schreiberin wusste es in dieser Situation; für einen jungen Menschen, der sich auf sein erstes Pferd (in vorindustriellen Zeiten) oder (heute) sein erstes Auto freut, ist dies der Inbegriff des Glücks, während ein älter gewordener sich vielleicht beschauliche Stunden des Lesens auf der Veranda imaginiert, wenn er an Glück denkt. Während der eine im Fortschreiten von einer Begierde zur anderen in der Gier nach Befriedigung keine Grenzen findet und in der verzehrenden Jagd nach *immer mehr* sein Glück sucht, sieht der andere in kontemplativer Beschaulichkeit sein inneres Gleichgewicht.

Die Verwirklichung der eigenen Wünsche ist für die anderen nicht folgenlos. In der jungen Liebe ergänzen sich die Erwartungen in beglückender Weise, ja die Glücksgefühle steigern sich über das vermutete Maß hinaus. In anderen Formen des Miteinander kann ähnliches geschehen, aber immer wieder auch ist des einen Glück des anderen Leid, und wenn es um die materiellen Komponenten des Glücks geht, steht einiges zu klären an: Da materielle Glücksgüter nicht unendlich vermehrbar sind, ja sogar lebensweltlich Probleme bereiten, gesellt sich zum *Glück* die Frage der *Moral* und der *Verantwortung*. Ihr folgt diejenige nach den Kriterien der bewussten Auswahl aus den vermuteten oder vorhandenen Möglichkeiten. Aus dem selbstverantworteten „wählenden Umgang mit der Situation"[2] kann niemand entlassen werden, der auf der Suche nach seinem Glück ist.

Aus der unendlichen Zahl von Möglichkeiten, sich dem Thema „Glück" zu nähern, seien im Folgenden einige Facetten herausgegriffen.

Ein Thema der Philosophie

Glück, schlägt das Lexikon als Definition vor, ist „komplexe Erfahrung der Freude angesichts der Erfüllung von Hoffnungen, Wünschen, Erwartungen, des Eintretens positiver Ereignisse, Eins-Sein des Menschen mit sich und dem von ihm Erlebten. G(lück) beinhaltet sowohl günstige Fügung der Geschehnisse, des Schicksals (‚G. haben') als auch den Zustand des Wohlbefindens, der Zufriedenheit mit dem eigenen Leben (‚glücklich sein')."[3]

Die antike griechische Philosophie hat sich dem Thema Glück in einer im europäischen Raum fortwirkenden Weise angenommen: Aristoteles sieht *Eudaimonia* als höchstes Gut oder Ziel aller Strebungen des Menschen. Mangels einer eindeutigen Übersetzung dieses Wortes behelfen sich die Philosophen deutscher Sprache mit der Formel vom „guten Leben" oder vom „guten und richtigen Leben". „Die Übersetzung mit ‚Glück' (ähnlich im Englischen mit ‚happiness'), die man auch häufig findet, ist nicht sehr befriedigend. Denn erstens hat dieses Wort heute eine abgegriffene Bedeutung, die sich auf den hedonistischen Sinn eines möglichst angenehmen Lebens beschränkt. Zweitens meint es oft das äußere Glück, also den glücklichen Zufall. (Viele andere Sprachen

Abb. 1 (linke Seite): Julü, der finstere Türgott und Dämonenbekämpfer (s. auch Abb. 2). Die beiden Brüder bewachten der Legende nach das Höllentor am Dushuo-Gebirge am Ostmeer. Schon der mythische Herrscher Huang-di ließ ihre Bilder als Geisterschutz an Türen anbringen. Farbholzschnittpaar aus Yangliuqing

1 Klaus M. Meyer-Abich, Dieter Birnbacher (Hg.): Was braucht der Mensch um glücklich zu sein? München 1979.
2 Gerhard Schulze: Suggestionen und entgangener Gewinn. In: Voyage. Jahrbuch für Reise- und Tourismusforschung Bd. 4, Köln 2001, S. 29-41.
3 Brockhaus Enzyklopädie 19. Aufl. 8. Bd., Mannheim 1989, S. 606.

Abb. 2 (rechte Seite): Shenshu, heller Dämonenbekämpfer (Gegenstück zu Abb. 1)

4 Ursula Wolf: Die Philosophie und die Frage nach dem guten Leben. Reinbek: Rowohlts Enzyklopädie 1999, S. 15.
5 A.a.O., S. 23.
6 A.a.O., S. 13.
7 Mihaly Csikszentmihalyi: FLOW. Das Geheimnis des Glücks. Stuttgart: Klett-Cotta 1989
8 Vgl. den Beitrag von Gerald Hüther in diesem Band S. 69.
9 Csikszentmihalyi (s. Anm. 7).

haben zwei Wörter für inneres und äußeres Glück, z.B. das Lateinische *beatitudo* und *fortuna*, das Griechische *eudaimonia* und *tyche*.) Die Rede vom ‚inneren Glück' ist jedoch ebenfalls nicht ganz passend, weil *eudaimonia* das vollständig und in jeder Hinsicht gute Leben meint. Geeigneter als Übersetzung wäre ‚Wohl', ‚Wohlbefinden', ‚Wohlergehen'; diese Ausdrücke haben andererseits den Nachteil, daß sie eher etwas Passives zu bezeichnen scheinen, während die *eudaimonia* das ganze Leben und daher auch das Handeln umfasst."[4]

In der deutschen Philosophie der Aufklärung hat Kant, zwar „insofern Metaphysiker, als er die menschliche Vernunftfähigkeit zu etwas absolut Wertvollem erhebt"[5], seinerseits angesichts der Zweifel an der Objektivierbarkeit des subjektiven Empfindens von Glücklichsein das Nachdenken über das „gute Leben" und das Glück aus der Philosophie ausgeschlossen, „denn aus einer bloßen Beschreibung der empirischen Natur des Menschen lässt sich keine Aussage über das gute Leben entnehmen. Dann bleibt die subjektive Möglichkeit, wonach das gute Leben eben dasjenige Leben ist, das von den jeweiligen Individuen als gut empfunden wird. Da es jedoch eine empirische Frage ist, was Menschen für gut halten, kann es auf diese Weise keine objektiven, für alle Menschen unter verschiedenen konkreten Umständen gültigen Verhaltensregeln geben, wie man das Glück erreichen kann."[6] Nur für die Moral besteht nach Kants Überzeugung die Möglichkeit einer Begründung aus der reinen Vernunft – aber das richtige Handeln garantiert nicht „Glück".

„Flow": Glück als eine Mischung aus Chemie und Lebenspraxis

Unbestritten ist die Erfahrung, dass Glücksgefühle, auch wenn sie aus dem Bauch kommen, sich im Kopf lokalisieren. „Jeder hat dieses Gefühl schon erlebt, über sich selbst zu verfügen, im Einklang mit sich und der Welt zu sein und sein Schicksal in die eigene Hand nehmen zu können. Bei diesen Gelegenheiten spürt man ein Gefühl von Hochstimmung, von tiefer Freude, das lange anhält und zu einem Maßstab dafür wird, wie das Leben aussehen sollte."[7]

Die Erkenntnisse von Psychologie und Neurowissenschaften konkretisieren diese Zustände des „Flow" (des Fließens, Überfließens), wie Mihaly Csikszentmihalyi sie genannt hat. Die Chemie und Physiologie von Liebe und Glück arbeitet in den zeitgenössischen Neurowissenschaften mit den Nachweisen entsprechender chemischer und elektrischer Prozesse im Gehirn.

An die Neurowissenschaften angeschlossen ist heute freilich ein Szientismus, eine Wissenschaftsbesessenheit der *Life-Sciences*, der Biowissenschaften (unpassenderweise mit „Lebenswissenschaften" übersetzt, obwohl sie nur die biologische, nicht die soziale und kulturelle Seite des Lebens berücksichtigen). In radikalem Widerspruch zur einstigen „Lebensphilosophie" unterstellt man kausale Zusammenhängen oder betreibt lineare Fortschreibungen und glaubt alle Probleme mit naturwissenschaftlichen oder technischen Hilfsmitteln lösen zu können. Die Bedeutung kultureller Voraussetzungen und der individuellen Lebensgeschichten werden dabei vergessen.[8] Die Einsichten und Betrachtungsweisen der Hirnforschung und Biowissenschaften wieder zu koppeln mit den lebensgeschichtlichen Erfahrungen von Sinn und Lebenskunst ist eine reizvolle Aufgabe, denn die Chemie allein erklärt nicht alles. Es gilt nämlich auch: „Glück ist ein Zustand, für den man bereit sein muß, den jeder einzelne kultivieren und für sich verteidigen muß. Menschen, die lernen, ihre inneren Erfahrungen zu kontrollieren, können ihre Lebensqualität bestimmen: und das kommt dem, was wir gewöhnlich Glück nennen, wohl am allernächsten."[9] Was Mihaly Csikszentmihalyi als praktische Lebensweisheit und lebenspraktische Übung charakterisiert, das werden

andere in Psychotechniken wiederfinden.[10] Und es ist auch die Geschichte, die Voltaire uns in seinem kleinen Roman Candide erzählt, in dem die Suche nach dem glücklichen Menschen selbst bei dem nicht erfolgreich endet, der über alle materiellen Möglichkeiten dazu verfügt.

Das Glück bleibt wohl auch dann, wenn wir es mit Designerdrogen erzeugen, ein flüchtiger Geselle, ein scheues Reh: Kaum gewonnen, verliert es sich wieder im Frust, kaum definiert, schlüpft es wieder davon.

Der kleine Tod und der erfüllte Augenblick

Liebe und Beziehungen zu anderen Menschen sind zentraler Bestandteil der Vorstellungen vom Glück. Warum aber ist der „kleine Tod", wie die Franzosen den Höhepunkt der Liebesvereinigung nennen, als erfüllter Augenblick der Liebe nicht das zuvörderst angestrebte einzig wirkliche und wichtigste Glückserlebnis? Liegt es an der Begrenztheit des Augenblickes der Lust? O alle Lust will Ewigkeit, singt Nietzsche – aber wäre sie in Permanenz überhaupt ertragbar?

Weiter geht der Faust-Plan in der Goetheschen Version der Legende vom Doktor Faustus, der den Teufelspakt eingeht mit dem Planziel, zum Augenblick sagen zu können „Verweile doch, du bist so schön". Erst sucht Faust den erfüllten Augenblick in der Vereinigung mit Gretchen, dann mit Helena, schließlich in der Gewinnung von freiem Land für freie Menschen – immer vergeblich und letztlich auch den Teufel scheitern lassend.

Mehr und anderes als nur die Erfüllung der Liebe enthält schließlich auch die Idee der „geglückten" Partnerschaft, denn sie begnügt sich nicht mit dem Wissen um die Wiederholbarkeit des Liebeserlebnisses. Inzwischen zeigen uns die Neurowissenschaftler, dass die Euphorie der jungen Liebe mit ihren chemischen Reaktionen im Gehirn in der gesteigerten Form nicht ewig dauern kann. Sie muss, sagen dann die Psychologen, ergänzt und ersetzt werden durch alltagsbezogene Gemeinschaftlichkeit und Emotionalität. Nicht in einem fortwährenden Zustand gesteigerter Spannung, sondern im Wechsel von Entspannung und Spannung finden sich praxisnahe Verwirklichungen von Zuständen des Glücks. Goethes Bild von Systole und Diastole als den zweierlei Gaben des Atemholens symbolisiert dieses Wechselverhältnis, und die zeitgenössische Alltagsphilosophie der Erlebnisgesellschaft nimmt diesen angestrebten Wechsel von Kick und Relaxen als primäres Lebensziel der Fun-Attituden.[11]

Auf der Sinnfährte

Sinn und Glück können zusammenhängend gedacht werden. Sinn konstituiert sich durch die Geschichten, in die wir uns verstricken lassen, hat ein Lehrer der Philosophie gesagt.[12] Glücksgefühle wiederum können resultieren aus der Empfindung der Sinnhaftigkeit des Tuns und der Existenz. Üblicherweise formulieren Mythos und Religion Antworten auf existentielle Grundfragen dieser Art.[13] Werden sie durch rationalistische Aufklärungsbestrebungen relativiert, treten Philosophie und/oder das unproblematisierte Einfügen in eine vorgegebene Ordnung an ihre Stelle.

Sinnfragen im Alltag muss jeder täglich für sich beantworten, und von den Antworten hängt ab, ob einer sich glücklich fühlt. Heute betonen immer mehr Theoretiker und Berater, dass dieser Zustand durch das eigene Zutun mitkonstruiert wird.[14]

Selbst im Alltag wird heute wieder häufiger nach *Sinn* gefragt. Das antike Thema der Lebenskunst wird mit den Suchbewegungen und neuesten Ansprüchen der prosperierenden Moderne wieder aktuell: Hans Magnus Enzensberger entdeckt, dass der wahre Luxus heute in Dimensionen wie freie Verfügung über Zeit, in Wahlmöglichkeiten, in befriedigender Arbeitssituation, in Gemächlichkeit liegt und nicht im immer mehr an materiellen Gütern[15] – vorausgesetzt, man hat genug davon.

10 Schamanisches Trommeln wirkt auch bei ganz normalen Leuten. Der Giessener Bewusstseinsforscher Dieter Vaitl über die außergewöhnlichen Zustände des menschlichen Gehirns. In: Frankfurter Rundschau v. 11. 09. 2001.
11 Vgl. Gerhard Schulze: Kulissen des Glücks. Streifzüge durch die Eventkultur. Frankfurt/New York: Campus 2000.
12 Vgl. Vf.: Die alt-neu-Frage nach dem Sinn. In: Literatur in Frankfurt. Ein Lexikon zum Lesen. Hg. v. Peter Hahn. Frankfurt/M. 1987, S. 353.
13 Vgl. U. Wolf (s. Anm. 4), S. 19/20.
14 Vgl. diesbezüglich die interessante Nähe der Argumentationen von Gerald Hüther und Gerhard Schulze in diesem Band.
15 Hans Magnus Enzensberger: Der neue Luxus. In: Der Spiegel 51/1996, S. 108-118.

Abb. 3: Zengfu-caishen. Der Glück vermehrende Reichtumsgott. Farbholzschnitt; der Regionalstil von Kaifeng, Henan ist vom „Süden" (Suzhou) beeinflusst

Von einer Philosophie der Lebenskunst, die sich mit den Fragen nach dem guten und glücklichen Leben befasst, kann auch die Diskussion um *Glück* profitieren.[16] Statt nach *immer mehr* zu gieren lässt sich heute bei uns und in anderen prosperierenden Gesellschaften angesichts der Abwesenheit von wirklichem Elend oder Not nach Standards des guten und richtigen Lebens fragen: Wie wollen wir leben, was ist eigentlich das Ziel all unseres wirtschaftlichen Handelns? Aber solche grundsätzlichen Fragen werden in den Öffentlichkeiten der marktorientierten Prosperitätsgesellschaften eher vernachlässigt.

Das Leben – ein Traum: Die Bilder der Renaissance

Der österreichische Dramatiker Franz Grillparzer hat in seinem Doppeldrama „Der Traum ein Leben – Das Leben ein Traum" durchgespielt, wie aus dem einen das andere werden kann: Wer seinen Traum ins Leben übersetzt, dem kann leicht und schnell ein böses Erwachen folgen. Aber wer nicht träumt, dem geht Wesentliches vom Leben verloren.

Solche Träume hat jeder Einzelne für sich selbst und für seine nächsten Angehörigen: Eine gesunde Familie ohne materielle Sorgen, Tätigkeiten, mit denen man sich identifiziert, ein Arbeitsplatz, an dem man als Mensch geachtet und in seinen Fähigkeiten anerkannt wird (wie leicht wäre so etwas zu realisieren!).

Aber nicht nur für das individuelle, auch für das gemeinschaftliche Leben gibt es solche Träume. Einer der schönsten, die ich kenne, ist derjenige der Renaissance. Wenn das moderne Europa vom Glück des Goldenen Zeitalters träumt, dann geschieht dies immer wieder in den Bildern der Renaissance (die ihrerseits diese Träume mit Bildern und Vorstellungen aus der Antike auspolsterte). Sie entwickelte Strategien für die Versöhnung von Natur und Kultur, von Stadt und Land, von Christentum und Antike, von ästhetischem und politischem Ideal, von Bildung und sozialer Offenheit, von der je eigenen Würde der verschiedenen Lebensphasen (das zufriedene Alters eingeschlossen). Auch Geist und Geld stehen nicht unverbunden nebeneinander: Die Besitzenden streben nach nichts mehr als Tugend und Bildung; wer beides besitzt, wird unabhängig von seinem Stand von allen akzeptiert.[17] Der Diskurs als Lebensform mit dem „alle Gesprächspartner einende(n) Gefühl der Toleranz, der Unvollkommenheit jeder Behauptung angesichts der Wahrheit" wird zur Voraussetzung einer toleranten „Heiterkeit des Geistes".[18]

Seit Jacob Burckhardt den Mythos der Renaissance neu konstruiert hat, gehören diese Bilder zu den glücklichen Träumen der Europäer.[19] Es tauchte „der Widerschein der Renaissance immer dann auf, wenn es einem großen Geist – sei es Goethe oder Mozart – für einen Augenblick gelang, Universalität und Harmonie zu erlangen, die das ganze Leben und die Abgründe der Welt in sich einschließen."[20]

16 Vgl. Wolfgang Bauer: China und die Hoffnung auf Glück. München: Hanser 1971, und Wolfgang Bauer: Geschichte der chinesischen Philosophie. Konfuzianismus, Daoismus, Buddhismus. Hg. v. Hans von Ess; C.H. Beck, München 2001.

17 Leonid M. Batkin: Die italienische Renaissance. Versuch einer Charakterisierung eines Kulturtyps. Frankfurt/Basel: Stroemfeld/Roter Stern 1981, S. 295.

18 A.a.O., S. 297

19 Vgl. Jacob Burckhardt: Die Kultur der Renaissance in Italien.

20 Batkin (s. Anm. 17), S. 16.

Abb. 4: Der Neujahrsbrauch der Verbeugung vor dem Vater. Der Vater hält einen Pfirsichzweig, das Kind einen Papierdrachen. Werkstatt TianYi, Kaifeng, Henan

Der große Wurf, die letzte Utopie

Manche Mythen der Völker und Religionen ziehen aus der Unvollkommenheit alles Menschlichen andere Schlüsse: Viele von ihnen (längst nicht alle) vertrösten auf ein jenseitiges unendliches Glück. „Jenes Glück, das es auf Erden gibt, wird im Himmel zu einem ewigen Glück. (...) Das Irdische büßt seinen vergänglichen, begrenzten, privaten Charakter ein, es macht sich frei von Mängeln, von der Unzulänglichkeit, von der Müdigkeit, der Übersättigung, bleibt irdisch und hört zugleich auf, es zu sein, wird negiert und zugleich bejaht, ist nicht mehr identisch mit seinem groben Empirismus, kurzum, es geht über seine eigenen Grenzen hinaus.“[21]

In säkularisierter Form finden wir Hoffnungen dieser Art auch in der Philosophie. Als ich bald nach Beginn meines Studiums Ernst Blochs *Prinzip Hoffnung* las, da konnte ich nicht verstehen, dass meine älteren Genossen im Sozialistischen Deutschen Studentenbund an seinen Texten etwas auszusetzen hatten, so überzeugend waren Sprache und Inhalt für mich. In der Tat, der trunken machenden Sprache von Ernst Bloch und seinen kräftigen Spekulationen über das Glück kann sich kaum jemand entziehen, und wer möchte nicht in der Welt etwas entstehen sehen, „das allen in die Kindheit scheint und worin noch niemand war: Heimat.“[22]

Bescheidenere kleine Freuden

Doch die Zeiten der großen politischen Utopien, von denen sich Blochs Phantasie nährte, sind vorbei. Positiv gewendet bekennt das Individuum angesichts der Einsicht in die Endlichkeit der euphorischen Zustände und der Unerreichbarkeit der vollendeten Gesellschaft auf Erden sich zu den kleinen Freuden des Alltags und den sozialkulturellen Standards des „guten und richtigen Lebens“.

Die Wiener Kulturwissenschaftlerin Klara Löffler hilft uns mit ihren Überlegungen zum „kleinen Glück“ darüber nachzudenken: Sie folgt nicht dem kultur- und konsumkritischen Ansatz, hinter dem immer auch die Unterscheidung von „wahren“ und „falschen“ Bedürfnissen verborgen ist. Sie fragt nicht nach den „umfassenden, radikalen Entwürfen eines Glücks, das keinen Alltag kennt“, sondern geht nüchtern den „unspektakulären ‚Berichtigungen des Alltags‘ (Hermann Bausinger)“ nach[23] und gewichtet sie neu: „Die kleinen Vergnügen des Alltags lediglich als Trostrituale zu verstehen, dies hieße jedoch, die individuellen und alltäglichen Formen und Muster der Glückssuche wieder nur vor dem Maßstab kollektiver und allgemeiner Glücksmodelle zu beurteilen und die Eigenart dieser Praxen zu verkennen. Kleine Freuden sind, obwohl in den Alltagen situiert und einer alltäglichen Logik verbunden, paradoxerweise Gegenentwürfe zu eben diesen Alltagen. Sie sind – auch – radikal subjektiv und darum singulär.“[24]

„Es ist also viel und wenig zugleich, was man braucht, um glücklich zu sein. Es sind viele, zum Teil konkurrierende und hohe Ideale, die wir vor Augen und auch im Kopf haben, wenn wir uns wieder einmal befragen, ob wir denn eigentlich glücklich sind. (...)

21 A.a.O., S. 376 (bezogen auf Lorenzo Valla).
22 So der letzte Satz von Ernst Bloch: Das Prinzip Hoffnung. Bd. 3, Frankfurt am Main: Suhrkamp 1959/1967, S. 1628 (Vgl hier S. 34).
23 Vgl. Klara Löffler: Kleinigkeiten: Wieviel man heute braucht, um glücklich zu sein. In: Die Psychotherapeutin, 12/2000, Edition Das Narrenschiff im Psychiatrie-Verlag, S. 23-32, S. 24. Vgl. Nichtstun. Vom Flanieren, Pausieren, Blaumachen und Müßiggehen. Wien: Österreichisches Museum für Volkskunde 2000, und Gertraud Liesenfeld, Klara Löffler (Hg.): Hundertvierundzwanzig kleine Freuden des Alltags. Wien: Löcker Verlag 2000.
24 A.a.O., S. 29.
25 A.a.O., S. 30.

Doch es ist längst nicht so viel, was die Zeitgenossen angeblich – nach dem Dafürhalten nicht weniger Kulturkritiker – brauchen, um glücklich zu sein, stehen doch diesem Glück im Großen und Ganzen die kleinen Freuden des Alltags gegenüber."[25] Sie sind mehr als nur Kompensationen, sie sind eine Möglichkeitsform. Jean Paul sah einst drei Möglichkeiten, sich in den Unbilden der Wirklichkeit Sphären des Glücks zu sichern: Den Wolkenblick über allem, den Lerchennestblick von unten ohne Rücksicht auf alles darüber, und das Pendeln zwischen beiden. Aber es bedarf besonderen Mutes, so leichthin zu pendeln.

Glück und Vizeglück

Was im Alltag entlastende Anerkennung der Grenzen des Wünschens und Könnens, das wird in anderen Zusammenhängen zum Ausweichen vor Handlungsbedarf. Wenn der Philosoph Hermann Lübbe[26] den Geisteswissenschaften die Rolle zuweist, den „änderungstempobedingten Vertrautheitsschwund" zu kompensieren[27] und ihnen so „gesellschaftsstabilisierende Kompensationsfunktionen" zubilligt, dann versprechen sie nur ein „Vizeglück". Anders als die „kleinen Freuden" des Alltags überträgt dieses Konzept die Vorstellung von der immergleichen Natur des Menschen auf die Handlungsfelder der gemeinschaftlichen Gestaltung von Lebensverhältnissen durch die Politik, bei der immer neuer konkreter Gestaltungsbedarf ansteht.

„Dem Kompensationsmodell verbleibt allerdings die individualpsychologische Geltung, denn die ‚Selbstregulierung des psychischen Apparates' (C. G. Jung) erfolgt z.B. bei den sog. Abwehrmechanismen auf dem Wege des Ausgleichs. (...) Wohin man blickt, überall wird kompensiert, denn überall gibt es Mängel und Übel."[28] Der Philosoph Odo Marquard benennt drei Typen der Kompensation: der Typ Mandeville (benannt nach dem Ökonomen, der private Laster als öffentliche Tugenden ansieht, weil die lasterhaften Reichen den Armen Arbeit und Brot geben), der Typ Friedrich Schiller (durch den Sündenfall entsteht Kultur), und den Typ Wilhelm Busch oder Fromme Helene (Wer Sorgen hat, hat auch Likör). Ihnen entsprechen die Strategien Betrachten (Analysieren), Gegenhandeln (z.B. in der Politik) und Resignation mit der Suche nach Ersatzglück. Wenn die Kompensationsthese „die Rolle der Geisteswissenschaften auf Kompensation durch Erzählen von Geschichten beschränkt, die den Menschen ‚Ersatz' vermitteln, ‚Ersatzverzauberung', ‚Ersatzerwachsensein', propagiert sie ein ‚Vizeglück' (Marquard), das eingestandenermaßen die Übel, die geheilt werden müßten, nur verdeckt und damit zu ihrer Vermehrung beiträgt."[29]

Das materielle Glück

Wenn heute, nach dem 11. September 2001, der Wunsch nach Sicherheit eine größere Rolle für das Gefühl des Glücks spielt, dann wird die Eitelkeit der endgültigen Lösungen auf allen Ebenen benannt: Das Individuum sieht sein kleines Glück immer wieder von den Großereignissen bedroht, aber diese großen Katastrophen vermag niemand zu beherrschen.

Abb. 5: Ahnenopfer am Hausaltar. Werkstatt TianYi, Kaifeng, Henan

26 Ähnlich wie Odo Marquard: Glück im Unglück: Zur Theorie des indirekten Glücks zwischen Theodizee und Geschichtsphilosophie. In: Allgemeine Zeitschrift für Philosophie 3 (1978), S. 23-42.

27 Ruth Groh, Dieter Groh: Zur Entstehung und Funktion der Kompensationsthese. In: Einheit der Wissenschaften. Internationales Kolloquium der Akademie der Wissenschaften zu Berlin, Bonn 25.-27. Juni 1990, S. 234-279, S. 236.

28 A.a.O., S. 251.

29 A.a.O., S. 255; vgl. auch Dieter Groh: Anthropologische Dimensionen der Geschichte. Frankfurt/M. 1992, darin bes.: Strategien, Zeit und Ressourcen. Risikominimierung, Unterproduktivität und Mußepräferenz – die zentralen Kategorien von Subsistenzökonomien (S. 54-113), und: Die französische Strukturgeschichte und ihre Methoden (S. 117-147).

合家樂安然
新年多吉慶
金銀滿園

Als einfachste Form der Sicherung gegen Unvorhergesehenes gilt seit langer Zeit materieller Besitz, und nicht umsonst ist er immer wieder Gegenstand der Wünsche. „Wenn ein Mensch G(lück) hat, so bedeutet das, dass seine Unternehmungen gelingen, dass sein irdischer Besitz sich vermehrt, dass er bei Jagd oder Fischfang (...) große Beute heimbringt, dass Krankheiten seine Familie und sein Vieh nicht heimsuchen u.a.m.“[30] So lesen wir es im Lexikon „Religion in Geschichte und Gegenwart“. Darin enthalten ist das *Freischütz-Glück* wie bei der immer treffenden Kugel des Jägers in der Sage, verbunden mit den gefährlichen Nebenaspekten des Teufelspaktes. Es geht aber auch um die Verfallenheit an vergängliche Güter, an die das Herz zu hängen die Bibel abrät: „Ihr sollt euch nicht Schätze sammeln auf Erden, da sie die Motten und der Rost fressen und da die Diebe nachgraben und stehlen.“ (Bergpredigt, Matthäus 6, 19 in der modernisierten Luther-Übersetzung) Dass ausgerechnet in dem zitierten protestantischen Lexikon mit einem Artikel des Ethnologen Jan de Vries Glück so auf die materielle Dimension verengt wird, das verwundert.

Glück ist käuflich, lauten heute die Versprechungen der Werbung, die von der gängigen Kulturkritik immer wieder ironisch oder kritisch problematisiert werden. Ist das materielle Glück die vorherrschende europäisch-atlantische Dimension der Prosperitätsgesellschaften?

Die dazu im Gegensatz stehende Lust- und Genussfeindlichkeit vieler Vertreter der Linken des 20. Jahrhunderts korrespondiert mit der asketischen Haltung des florentinischen Busspredigers Savonarola, der die glücksverheißenden Versprechungen der Renaissance aufwiegen will gegen das immerwährende (also spannungslose und jenseits menschlicher Vorstellungen liegende) Glück des Himmels.

Die kritische Theorie hat mit den *kleinen Freuden* ebenso wie mit der *Erlebnisgesellschaft* ihre Schwierigkeiten. In den *Minima Moralia* von Theodor W. Adorno ist ein Aphorismus den Schwierigkeiten gewidmet, sich in modernen Zeiten irgendwo häuslich einzurichten. „Es gibt kein richtiges Leben im Falschen“ ist der häufig zitierte Schluß. „Für bare Münze genommen, wäre das ein rein zynischer Satz. Er liefe auf die Ausrede hinaus, da die Möglichkeit richtigen Lebens nun einmal verstellt sei, sei es ganz gleichgültig, wie man sein Leben gestalte. Adorno aber meint das Gegenteil. Anstatt sie aufzuheben, bekräftigt er die Differenz von richtig und falsch. Auch wenn ein im Ganzen richtiges Leben unmöglich ist, so ist es für ein unverblendetes Dasein äußerst wichtig, sich den Sinn für das Richtige nicht abkaufen zu lassen.“[31]

Die gängigen Vorstellungen vom Glück wandeln sich auch heute. Suchbewegungen mit positiven Rückkoppelungsschleifen sind das Geheimnis des Kulturwandels. Die Prosperitätsgesellschaft, in der viele Individuen über freie Zeit und disponible Kaufkraft verfügen, öffnet Räume für Glückschancen mannigfaltigster Art: Erlebnis, Besitz, Event, Kick. Aber auch die Protagonisten der Erlebnisgesellschaft stehen im Laufe der Zeit und des Lebens vor der Aufgabe, angesichts der spannungsarmen und entwicklungslosen Redundanz von Event und Genuss irgendwann ihre Vorstellungen vom guten und richtigen Leben neu zu definieren. Es lohnt sich, die Widersprüche dieser Lebensweise nicht nur mit kulturkritischen Pathos-Formeln des Sollens und Müssens zu thematisieren, in denen mit erhobenem Zeigefinger ein „sinnvollerer“ und verantwortungsbewusster Umgang mit Zeit und Geld eingefordert wird. Interessanter ist es, auf reale Suchbewegungen mit offenem Ausgang zu achten, wie Gerhard Schulze dies vorschlägt.[32] Solches Suchen kann sich nicht an Vergangenheit oder Tradition orientieren, denn die Situation ist einmalig und neu. „In der breiten, wohlhabenden Mittelschicht verlieren die einheit-

Abb. 6 (linke Seite): Der Neujahrstag. Festliches Gastmahl für die Menschen, Speiseopfer und Opfergeld für die Hausgötter. „Von Dai Linzeng ehrerbietig aufgezeichnet“: Dai lebte 1735-1795 und wurde als Holzschneider in der neunten Generation Begründer der ersten großen, heute noch bekannten Werkstätte in Yangliuqing, Hebei (vgl. Else Unterrieder: Glück ein ganzes Mondjahr lang, Klagenfurt 1984, S. 59).

30 Jan de Vries: Art. Glück in: Religion in Geschichte und Gegenwart 2. Bd., Tübingen 1958/1986, S. 1628/1629.
31 Martin Seel: Das Richtige im Falschen. In: Die Zeit v. 3. 5. 2001.
32 Gerhard Schulze: Kulissen des Glücks (s. Anm. 11).

Abb. 7: Kinder bringen Reichtum in einem Karren voller Schätze. Türbild für Innenräume. Höfischer Stil

33 Hartmut Häußermann/ Walter Siebel: Festivalisierung der Stadtpolitik. Opladen 1993, S. 25.
34 Gernot Prunner: Papiergötter aus China. Hamburg: Hamb. Museum für Völkerkunde 1973 (Wegweiser zur Völkerkunde H. 14), S. 50.
35 A.a.O., S. 53.

lichen, quantifizierbaren Interessen (‚Mehr vom Gleichen') gegenüber den Interessen an unterschiedlichen Qualitäten an Gewicht. Wichtiger als höhere Löhne, niedrigere Mieten und kürzere Arbeitszeiten werden Selbstbestimmung am Arbeitsplatz, andere Wohnungen und die selbständige Verfügung über Zeit."[33]

Solche neuartigen Ansprüche an die Lebensqualität definieren Glück zeitgemäß neu. Nicht nur der zitierte Hans Magnus Enzensberger formuliert die neuen Vorstellungen von Luxus; interessanter noch ist die Frage von Gerhard Schulze, was einem denn entgeht, wenn einer sich nur auf die Betriebsamkeit der Erlebnisgesellschaft einlässt.

Andere denken anders

Wenn mannigfaltige Gefährdungen durch Naturkatastrophen oder Willkür der Macht immer wieder die materielle Sicherheit gefährden, dann verschafft Reichtum nicht nur Ansehen, sondern ist auch eine Beitrag zur Sicherheit. Materielle Güter stehen in den chinesischen populären Bildwelten stark im Vordergrund, freilich immer wieder relativiert durch die Metaphern der konfuzianischen Ethik und der daoistischen Philosophie. Im synkretistischen Pantheon der chinesischen Volkskunst gibt es Götter für alle Gelegenheiten: Götter der Siedlung und des Hauses, des häuslichen Herdes, des Abortes wie des Ehebettes, Schutzpatrone der Handwerke und der Berufe.

„Herzlichen Glückwunsch und möge ihnen Reichtum beschert sein!" ist der populärste chinesische Neujahrswunsch.[34] Münzenschnüre, Papiergeld, Silber- und Goldbarren deuten auf eine lange Tradition des abstrakten Zahlungsmittels Geld hin, das auch die populären Vorstellungen von Reichtum beherrscht. Der Gelddrache und das Schatzpferd sind reichtumsbringende Tierbegleiter. Von Schätzen und Symbolen des Überflusses umgeben sind die Reichtumsgötter auf den Bilddarstellungen. Die Moslems bringen Schätze[35], lautet eine chinesische Redewendung, und sie findet ihren Niederschlag in einem Gott des Reichtums mit für Chinesen untypischer Nase und Barttracht – die Erinnerung an die Seidenstraße bietet sich an.

Gesellschaften, die ihre gemeinschaftlichen Lebensformen in Kategorien der langen Dauer, der wenig dynamischen Gesellschaften des „steady state" (des gleichmäßigen Zustandes) interpretieren, beziehen sich gern auf die zyklische Wiederholung von Geschichtsepochen und betonen im individuellen Lebenszyklus die Lebensalterstufen.

Eine spannende Dimension vermögen die japanischen Erfahrungen beizusteuern. Japans gesellschaftliche Entwicklung liefert den historischen Beweis, dass ein hohes Niveau des Kulturlebens für die allgemeine Bevölkerung mit entsprechenden Glückschancen möglich ist, ohne dass eine ständig expandierende Wirtschaft immer mehr Reichtum verspricht. Das Japan der Tokugawa-Zeit (1603-1868) verzichtete auf dem Hintergrund einer traditionell-religiösen Naturanschauung bewusst auf jede materielle Expansion. Es gab eine relativ konstante Bevölkerung, eine kaum wachsende Wirtschaft, keine ökonomische oder territoriale Expansion, und es fanden dank rigider Ordnung keine Kriege im Innern statt.

Die politisch herrschende Samurai-Schicht verzichtete darauf, auch noch Wirtschaft und Kultur zu beherrschen, so dass Kaufleute, Handwerker und Bauern an dem kulturellen Aufschwung teilhaben konnten. Jene Energie, die in der vorhergehenden Zeit der Feuerwaffenentwicklung gewidmet war, wurde in dieser Zeit auf die Entwicklung des Spielerischen, der Feuerwerke, konzentriert. Erneuerbare Energien und Materialien herrschten vor. Die produktive Kraft war nicht auf Expansion und mengenmäßige Ausweitung konzentriert, sondern vielmehr auf das immerzu gesteigerte Niveau der handwerklichen Verarbeitung, Verfeinerung und Veredelung, mithin auf Qualität.

Die Bevorzugung eines eher bescheidenen Lebensstiles bei entwickelter Fähigkeit der Selbstbegrenzung der großen Mehrheit der Bevölkerung war kombiniert mit einem Verzicht auf die Entfaltung aller Möglichkeiten materiellen Wachstums. Damit waren Glückschancen nicht an ein „Es soll allen immer besser gehen" gekoppelt, sondern an die eigene Würde je spezifischer Lebensweisen und die entsprechenden Standards des „guten Lebens". Probleme einer wachsenden Ressourcenknappheit und Schadstoffbelastung waren damit weitgehend ausgeschaltet; Glück konnte auch nicht in gleichem Maße materiell definiert werden wie in den prosperierenden Konsumgesellschaften.

Abb. 8: Wu-lu tongda. Die Reichtumsgötter der nach allen Richtungen geöffneten Fünf Wege. Die goldenen Gesichter symbolisieren den Erwerb von Reichtum. Einfaches Altar- und Opferbild; unkolorierter Holzschnitt mit Goldauflage. Die dekorative Umrandung ist ein für Pekinger Werkstätten typisches Merkmal.

Auf eine bemerkenswerte Weise sind materielles Wachstum und Selbstbegrenzung in den Träumen vom gesellschaftlichen Glück linker chinesischer Intellektuellen der 1920er Jahre kombiniert: Sie träumen ganz materiell und marxistisch von den erschlossenen unendlichen Springquellen menschlichen Reichtums, wollen aber gleichzeitig zum sparsamen Umgang mit den Ressourcen erziehen. „Alle Menschen werden zu sparsamem, den jeweiligen Erfordernissen angemessenem Verbrauch erzogen sein und infolgedessen auch nur noch zwei Stunden täglich arbeiten müssen."[36] Eine Ahnung davon, dass Glück kein Ausblick ins Unendliche ist, durchzieht auch dieses Denken.

Me-ti und Lin-Yü t'ang

Suchbewegungen der Gegenwart können sich immer wieder erfolgreich und nutzbringend auf Diskussionen der außereuropäischen Vergangenheit beziehen. Gerade die chinesische Entwicklung besticht dadurch, dass in den verschiedensten Zyklen immer wieder die gleichen oder ähnliche Positionen auftauchen.

36 Bauer (s. Anm. 16), S. 483.
37 Bauer, a.a.O., S. 503.
38 Brecht, Bertolt: Geschichte von Me-ti (Gesammelte Werke 12 <Prosa 2>, Me-ti), S. 576.

Abb. 9 (Klappseite, rechts): Der Ruf des Hahns. Großformatiger (60x106 cm) Holzschnitt, freie Übermalung. Yangliuqing, signiert „Dai Linzeng". Bildtext: Der Ruf des Hahns / Der Stroh gedeckte Laden / Der Mond in den Spuren / Auf der Brücke der Frost:/ Das Bild von der Genügsamkeit / Die anderen reiten auf Pferden, ich reite auf einem Esel. Ich sehe mich um ... / Im Vergleich zu dem über mir, habe ich nicht genug. Im Vergleich zu dem unter mir, habe ich im Überfluss. / Darum notiert.

Die Europäer meinen gern, in der Folge einer langen Entwicklung auf nicht mehr verlierbare und nicht revidierbare Weise bestimmte Positionen des Denkens und der Erkenntnis erreicht zu haben. In der chinesischen Philosophie dagegen gehört der zyklische Verlauf der Geschichte zum Selbstverständnis.

Der Autor Lin-Yü t'ang (Lin Yutang, 1895-1976), aus einer chinesischen Pastorenfamilie stammend und zahlreiche Brücken zwischen Ost und West schlagend, favorisiert die Lebensphilosophie des Dichters Li Mi-an aus dem 16. Jahrhundert mit seinem Ideal des „Beinahe richtig": Das „Beinahe-ideal, für das das Chinesische tatsächlich den wunderbaren, nahezu unübersetzbaren, am ehesten vielleicht mit einem ‚So lala' wiederzugebenden Ausdruck ch'a-pu-to (wörtlich: ‚es fehlt nicht viel') besitzt, wird für Lin nicht nur zur Quintessenz chinesischer Lebensweisheit, sondern fast zum Wesenskern des Lebens überhaupt, ein Gedanke, der angesichts der, modern gesprochen, ‚Reglerfunktion' aller Lebensvorgänge auf der einen, und der offensichtlichen Todesnähe aller Idealsucher auf der anderen Seite, nicht ohne weiteres von der Hand zu weisen ist, selbst wenn hier Weisheit und Banalität miteinander zu verschwimmen beginnen."[37]

Bertolt Brecht, an chinesische Philosophie anknüpfend, formuliert in den Geschichten von Me-ti eine nur scheinbar ganz andere Strategie: „Tu kam zu Me-ti und sagte: Ich will am Kampf der Klassen teilnehmen. Lehre mich. Me-ti sagte: Setz dich. Tu setzte sich und fragte: Wie soll ich kämpfen? Me-ti lachte und sagte: Sitzt du gut? Ich weiß nicht, sagte Tu erstaunt, wie soll ich anders sitzen? Me-ti erklärte es ihm. Aber, sagte Tu ungeduldig, ich bin nicht gekommen, sitzen zu lernen. Ich weiß, du willst kämpfen lernen, sagte Me-ti geduldig, aber dazu mußt du gut sitzen, da wir jetzt eben sitzen und sitzend lernen wollen. Tu sagte: Wenn man immer danach strebt, die bequemste Lage einzunehmen und aus dem Bestehenden das Beste herauszuholen, kurz, wenn man nach Genuß strebt, wie soll man da kämpfen? Me-ti sagte: Wenn man nicht nach Genuß strebt, nicht das Beste aus dem Bestehenden herausholen will und nicht die beste Lage einnehmen will, warum sollte man da kämpfen?"[38]

Beide, Brecht und Lin-Yü t'ang lenken den Blick darauf, dass im Alltäglichen immer wieder von den Individuen entschieden werden muss, was sie als Glück empfinden. Und damit kehren wir zurück zum Ausgang unserer Überlegungen: Was ist Glück – das entscheidet jeder mit seiner Haltung zu seinen Wünschen und zu den Dingen.

Jörg Zirfas: Glück . . .

Das Glück – was auch immer der je einzelne darunter verstehen mag – läßt sich nicht begreifen, nicht beschreiben, nicht aussagen, nicht vorstellen. Zusammen mit einer anderen universellen Behauptung, die niemals wirklich ernsthaft bezweifelt wurde, nämlich der, daß alle Menschen nach Glück streben, erhalten wir die folgende restlos entmutigende Conclusio: Alle Menschen streben nach dem, was sich nicht beschreiben läßt, und dies nennen wir Glück. Das führt uns wiederum zur Problematik des platonischen Dialogs „Menon": Entweder wir wissen schon, was wir suchen, dann brauchen wir es nicht zu suchen, denn wir wissen es ja; oder wir wissen es nicht, wie wollen wir dann wissen, was wir suchen sollen? (...) Das deutsche Wort „Glück" bezeichnet ursprünglich, d.h. im Mittelalter, ein Rechtsverhältnis. Unter Glück versteht man das Füllen einer (rechtlichen) Lücke („gelücke"; engl. „luck"). Als „Lückenbüßer" bedeutet Glück das Beschließen, Festsetzen, Bestimmen in einem rechtlichen Rahmen; erst später gewinnt Glück in einer Transzendierung der Rechtssphäre die Bedeutung, mit der es auch heute nicht selten identifiziert wird: Glück als „fortuna", Schicksal, als Glück haben, als Glücken.

Jörg Zirfas: Präsenz und Ewigkeit. Eine Anthropologie des Glücks.
Berlin: Reimer 1993, Vorwort.

Abb. 10: Die Vierundzwanzig Geschichten kindlicher Pietät. Yangliuqing, signiert: „Dai Linzeng“. Die auf S. 30 erzählte Geschichte von Kuo Kü befindet sich oben rechts (vgl. den Ausschnitt Abb.18).

Das Fünffache Glück – im Konfuzianismus und im Daoismus

Eva Schestag

Konfuzius und Laozi[1], deren beider Leben auf das 5. Jahrhundert vor Christus datiert wird, gelten als die Begründer oder Urahnen der beiden großen chinesischen Lehren: Konfuzianismus und Daoismus. Konfuzius, mehr Lehrer als Philosoph (Abb.11), hat selbst nichts geschrieben. Doch angesichts des moralischen Verfalls und politischen Zerfalls des Reiches war es sein dringliches Anliegen, die kriegerischen und nach Macht strebenden Feudalfürsten den „großen Weg der Alten" zu lehren. Zu diesem Zwecke sammelte und überlieferte er die wichtigsten Schriften der vorangegangenen *goldenen Zeitalter*: die Fünf[2] Konfuzianischen Klassiker (das Buch der Wandlungen, das Buch der Lieder, das Buch der Urkunden, das Buch der Riten und die Frühling-und-Herbst-Annalen). Laozi (Abb. 12), dessen einzige Schrift, das *Daode jing*, ein Stück Weltliteratur geworden ist, wurde der Legende nach, als er das Land in hohem Alter auf einem Rind verlassen wollte, von dem Grenzwart gezwungen, seine Lehre in Worte zu fassen, ehe er ihn ziehen ließ. Die beiden philosophischen Schulen, die aus ihren Vermächtnissen entstanden, erfuhren ein paar Jahrhunderte später auch eine religiöse Ausprägung: den konfuzianischen Ahnenkult und den religiösen Daoismus (ein Begriff, der von den Lokalkulten und der Volksreligion immer schwer abzugrenzen bleibt).

In den populären Drucken dieses Bandes vermischen sich die Inhalte der verschiedenen religiösen und weltanschaulichen Gruppen. „Die Drei Lehren sind eins" – heißt es auch heute noch, wobei man hier den aus Indien kommenden Buddhismus als Dritte zu den zwei ursprünglich chinesischen Lehren nimmt. Mit der Devise „Im Amt ein Konfuzianer, zuhause ein Daoist" bezieht man sich auf die pflichtbewusste Erfüllung seines Amtes im Berufsleben und auf die entspannte Haltung den häuslichen und familiären Dingen gegenüber, ohne dabei einen Widerspruch oder eine Gespaltenheit in der eigenen Person zu empfinden. Alles findet gleichzeitig Raum, obwohl die mit der jeweiligen Lehre verbundenen Wertvorstellungen ganz unterschiedlich sind.

Glück – für sich alleine genommen vage und abstrakt und nur schwer allgemein zu fassen – erhält im *Buch der Urkunden*, dessen Entstehung weit vor Konfuzius zurückgeht, eine fünffache Definition: „Von den Fünf Arten des Glücks heißt die erste Langlebigkeit. Die zweite heißt Reichtum. Die dritte heißt Harmonie. Die vierte heißt Pflege der guten Tugenden. Die fünfte heißt das Erfüllen seiner Lebensaufgabe."[3]

Die Neujahrsbilder aus dem traditionellen China lassen sich thematisch nach diesen Fünf Arten des Glücks einteilen. Die Motive der einzelnen Bilder und die oft stark stilisier-

Abb. 11: Konfuzius (551-479 v. Chr.), umgeben von seinen berühmtesten Schülern. Links unten Menzius (vgl. S. 42)

1 Die Umschrift der chinesischen Schriftzeichen folgt dem in der VR-China standardisierten System: Hanyu Pinyin. Laozi ist hierzulande wohl eher als Lao-tse bekannt, und sein Buch, das Daode jing, als Tao-Te-King.

2 Mit der Zahl drückt man im Chinesischen oft eine Qualität und nicht eine Quantität aus. Um diesem besonderen Status der Zahlen Rechnung zu tragen, werden Zahlen in diesen Fällen im folgenden Text groß geschrieben. Vgl. hierzu auch

Abb. 12: Laozi (Laotse), Urahn des Daoismus und Verfasser des Daode jing (Tao teking).

Abb. 13: Konfuzianischer Beamter mit Hirsch („lu" = Einkommen), Schatzbecken und Laterne mit dem Zeichen „shou" für langes Leben. Yangliuqing

ten Symbole stammen zum großen Teil aus der klassischen Literatur. Auf den ersten Blick mögen viele von ihnen bunt und überladen erscheinen, doch je länger und je genauer man sie betrachtet, desto mehr entpuppen sich Schmuck und Dekor, oft auch im kleinsten Detail, als bedeutungstragendes Symbol. Edouard Chavannes ging sogar so weit zu sagen: „c'est bien plutôt une règle presque universelle que le décor en Chine est symbolique; une fois que l'attention est portée dans cette direction, elle découvre le symbol partout."[4] Folgen wir also diesen fünf alten Inbegriffen des Glücks, die noch an die Zeit vor der Spaltung des Reiches in die sich bekämpfende Staaten und vor der Spaltung des Weges in die Hundert Schulen erinnern, um zu sehen, welche Formen und Inhalte sie später unter den zwei auch heute noch einflußreichsten Lehren, dem Konfuzianismus einerseits und dem Daoismus andererseits, annahmen.

Langes Leben

Für den Konfuzianer war das lange Leben ein Lohn der Tugend: „Die große Tugend wird ihren Rang erhalten, wird ihren Verdienst erhalten, wird ihren Ruhm erhalten und wird ihre Langlebigkeit erhalten."[5] So heißt es im Zhongyong, einem der Vier (von den Schülern des Konfuzius verfassten) Bücher. Ein langes Leben bedeutete für einen Konfuzianer auch die Möglichkeit, die eigene Person zur Vollendung zu bringen, was nicht nur eine Frage der Bildung und der sittlichen Strenge, sondern auch eine Frage der Zeit und der Erfahrung war: „Der Meister sprach: Ich war fünfzehn, und mein Wille stand aufs Lernen, mit dreißig stand ich fest, mit vierzig hatte ich keine Zweifel mehr, mit fünfzig war mir das Gesetz des Himmels kund, mit sechzig war mein Ohr aufgetan, mit siebzig konnte ich meines Herzens Wünschen folgen, ohne das Maß zu übertreten."[6] In diesem Zusammenhang sehen wir also auf Abb. 13 einen Beamten, dicht gefolgt von einem Knaben, der eine Laterne mit dem Schriftzeichen 壽 *shou*, die Langlebigkeit, trägt. Die Laterne

Marcel Granet: Das chinesische Denken. München 1980 (1934), S. 110-226.
3 Zitiert nach dem Tongwen Shangshu von Mou Yen, Jinan 1981, S. 692. Alle Übersetzungen, soweit nicht anders angegeben, sind von Eva Schestag.
4 Edouard Chavannes: L'expression des vœux dans l'art populaire chinois. Paris 1922, S. 37: „Es ist vielmehr eine beinah universelle Regel, dass der Dekor in China symbolisch ist; ist einmal die Aufmerksamkeit in diese Richtung gelenkt, entdeckt sie das Symbol überall."
5 Zhongyong („Innehalten der Mitte"), Kap.XII,2.
6 Lunyu, II,4, zitiert nach Richard Wilhelm: Kungfutse Gespräche. Jena 1921 (1914), S. 8.

燈 *deng* lässt den Betrachter zugleich den Aufstieg/die Beförderung 登 *deng* und den Grad/Rang 等 *deng* des Beamten assoziieren. Der hohe Rang dieses Beamten ist auch an der länglichen Jadetafel und an der zweistufigen Kappe zu sehen. Der Hirsch 鹿 *lu* ist ein Symbol für den Wunsch nach einem hohen Gehalt: 祿 *lu*. Der konfuzianische Hintergrund ist deutlich. Das Spiel mit den Homophonen dieser so lautarmen Sprache ist ein wichtiges Stilelement. Zwischen Bild und Betrachter gibt es nicht nur eine visuelle, sondern auch eine lautliche Kommunikation.

Lang und Kurz, Tod und Leben sind dem Daoisten eins: „Alle Welt erkennt das Schöne als schön; damit ist schon das Häßliche gesetzt. Alle erkennen das Gute als gut; damit ist schon das Nicht-Gute gesetzt. Denn: Etwas und Nichts gebären einander, Schwierig und Leicht ergänzen einander, Lang und Kurz sind relativ zueinander, Hoch und Tief übertreffen einander, Ton und Stimme harmonieren miteinander, Vorher und Nachher folgen einander", wie es im zweiten Kapitel des Daode jing heißt. Der Weise sucht nicht im Rahmen dieser immer uneindeutigen, immer relativen Dichotomien Stellung zu beziehen, sondern nimmt einen Platz „jenseits der Vier Meere" ein. Er sucht die Einsamkeit, wo ihn nicht der soziale Zwang einer Gesellschaft zur Aktion oder Reaktion im (sprachlichen) Rahmen der etablierten Kategorien zwingt. Er sehnt sich nicht nach einem langen oder etwas längeren Leben, sondern nach Unsterblichkeit – jenseits von Zeit und Raum. Es gibt zahllose Berichte über die unterschiedlichen Wege und Rezepte zu diesem Ziel, wie zum Beispiel gymnastische Übungen oder Atemtechniken, den Verzehr oder Verzicht auf bestimmte Speisen. Oft unterstellen diese Berichte als Erfolg Unsterblichkeit. Bisweilen wird aber auch von dem frühzeitigen Tod des Adepten, nach dem Genuß selbstgedrehter Pillen z.B., erzählt.

In Abb. 14 sehen wir den Hasen im Mond, wie er in einem Mörser das Elixier der Unsterblichkeit aus der Rinde des Zimtbaumes bereitet. Weitere Symbole der Unsterblichkeit, die wir auf vielen Bildern finden, sind der Pilz, der Kranich und der Alte mit der überproportional hohen Stirn. 芝 *Zhi* ist eine Pilzart, die auch lange Zeit nach dem Pflücken ihr Aussehen nicht verändert; deshalb der Glaube, ihr Genuss könne Unsterblichkeit verleihen. Der Kranich ist der Sage

Abb. 14: Yutu (Jadehase). Der Hase im Mond bereitet aus der Rinde des Zimtbaumes in einem Mörser das Elixier der Unsterblichkeit. Teil eines mehrteiligen Blattes. Yiangliuqing

nach das Tier, auf dem die Unsterblichen über die Wolken reiten. Und der Alte mit der phallischen Stirn hat im Laufe seines Lebens alle Kraft nun im Kopf konzentriert. Er erinnert an das neugeborene Kind: „Umkehr ist die Bewegung des Dao." (*Daode jing*, Kap. 40). Er erinnert zugleich an die Fledermaus 蝠 *fu*, der man mit Ehrfurcht begegnet, da sie mit dem Kopf nach unten hängend ruht und schläft und so ihre Lebenskraft ebenfalls im Kopf konzentriert. Die Fledermaus ist zudem ein zentrales Glückssymbol, da ihr Name ein Homophon des Zeichens für das Glück 福 *fu* ist.

Reichtum

Reichtum wird in einem armen Land in ganz engem Zusammenhang mit dem Glück gesehen. In dem Agrarstaat China war das Gedeihen des Landes und des Volkes immer von der Gunst des Himmels abhängig. Dies zeigt schon die graphische und lautliche Verwandtschaft beider Zeichen: 富 *fu*, der Reichtum

Abb. 15: Gelddrache aus Kupfermünzen. Mit Schablonen kolorierter kleiner Holzdruck, Lokalstil

und 福 *fu*, das Glück. Für Konfuzius war Reichtum ein Zustand, der sich bei einem tugendhaften Menschen, ebenso wie in einer geordneten Familie, ebenso wie in einem wohl regierten Land von selbst einstellt. Zugleich liefert der Reichtum die materielle Grundlage für die höheren, die sittlichen und die geistigen Güter: „Der Meister fuhr durch Wei. Ran You lenkte den Wagen. Der Meister sprach: Wie zahlreich! Ran You sagte: (Das Volk des Landes) ist nun schon zahlreich. Was kann man ihm noch geben? Der Meister: Mache es reich! Ran You: Es ist schon reich. Was kann man ihm noch geben? Der Meister: Bilde es!" (Aus den Gesprächen des Konfuzius, Lunyu 13,9, die seine unmittelbaren Schüler aufzeichneten und als eines der *Vier Bücher* Teil des konfuzianischen Kanons sind.) Den Reichtum ohne die von ihm geforderten moralischen Voraussetzungen verurteilte er entschieden: „Wenn in einem Land Ordnung herrscht, so ist Armut und Niedrigkeit eine Schande; wenn in einem Land Unordnung herrscht, dann ist Reichtum und Ansehen eine Schande." (Lunyu, 8,13) Eines der wenigen Bilder vom Reichtum, das in diesem engen moralisch-konfuzianischen Kontext steht, ist Abb. 44: „Der Hahn ruft: Reichtum und Ehre". Wir sehen einfache Leute, die schon beim ersten Hahnenschrei gemeinsam ihre Arbeit verrichten. Es ist noch Winter, doch die Pflaumenbäume tragen schon die ersten Blüten. An den Fenstern hängen Glückszeichen auf dem roten Papier. Der Hahn, dessen Name 雞 *ji* gleichlautend ist mit einem Zeichen des Glücks 吉 *ji*, ist auch ein Symbol für die Fünf Tugenden: Sein Kamm, der an die Beamtenkappe erinnert, bedeutet *Bildung*; seine Krallen an den Füßen bedeuten *Kampfgeist*; er hat keine Angst, seinen Gegner zu provozieren und ist deshalb *mutig*; er verkündet laut, wenn es zu essen gibt und ist deshalb *sozial*; er wacht nachts und vergisst nie die Zeit und ist deshalb *zuverlässig*.

Doch die meisten Bilder zum Thema *Reichtum* zeigen die Fülle des weltlichen Glücks und schöpfen die Symbole für den Überfluss aus allen Drei Lehren, wie hier auf Abb. 15: Im Zentrum steht der Drache, dessen Körper aus Käschmünzen besteht und der in seiner Gestalt an den Geldschüttelbaum erinnert, der statt Früchten kleine Münzen trägt. Er spielt, wie auf vielen Darstellungen, mit einer großen Perle (über deren Bedeutung man nur spekulieren kann). Darüber ist ein mit den verschiedensten Kostbarkeiten gefüll-

Abb. 16: Der Gelddrache bringt Kostbarkeiten ins Haus. Holzschnitt, freie Bemalung, Goldauflage; Peking

tes Schatzbecken, in dem ein Knabe mit einem Wunschszepter sitzt. Unter dem Tischchen sehen wir eine Swastika und einen mystischen Knoten, beides buddhistische Symbole der Unendlichkeit; unter der Swastika der Schirm des Pilzes der Unsterblichkeit. Überall sind Perlen und Edelsteine verstreut, die das übervolle Schatzbecken nicht zu fassen vermag.

„Wünsche nicht zu funkeln gleich einem Juwel, / Zu klingeln gleich einem Klang stein", heißt es am Ende von Kapitel 39 bei Laozi[7]; und in Kapitel 35 lesen wir: „Das Dao verläßt den Mund und es bleibt etwas Fades, ohne Geschmack. / Schaue danach, ohne es zu sehen. / Horche darauf, ohne es zu hören! / Gebrauche es, du kannst es nicht erschöpfen." Der Weg des Daoisten ist die Besinnung auf das Einfache, das Ursprüngliche, das Ungeschliffene, das Rohe, das Nutzlose, das Fade, das Trübe. Sein Ziel ist es, die Fülle, die Vielfalt, den Glanz, das Subtile, das Eine, das Unerschöpfliche zu erfahren. Der Weg zum Ziel bleibt jedem selbst zu gehen. Doch das Begehren von Reichtum und das Streben nach Macht lenken nur davon ab. Fern von der Gesellschaft der Menschen, die immer zu Kompromissen zwingt, ist man ihm nah. Die Haltung des Daoismus zum Reichtum ist im Grunde einfach, aber dennoch komplex. Im Daoismus, anders als im Buddhismus, gibt es kein Gebot der Armut.

Harmonie

Das Wort *Harmonie*, vielleicht nicht zufällig die dritte unserer Fünf Arten des Glücks und somit deren Mitte, übersetzt hier zwei Zeichen, 康 *kang* und 寧 *ning*, die in den Texten der Chunqiu-Zeit (722-481 v.Chr.) sehr häufig, zu Konfuzius' und Laozi's Zeiten aber kaum noch, verwendet wurden. *Kang* bedeutet ruhig und friedlich, fröhlich und zufrieden. *Ning* bedeutet ausgeglichen, ausgeruht, entspannt. In Harmonie mit sich und der Welt. Es steht auch für *im Gleichgewicht sein*, wofür Konfuzius später den Begriff der Mitte 中 *zhong* und der *Harmonie* 和 *he* prägt. Ein Enkel von Konfuzius verfasste ganz im Geiste seines Vorfahren das Buch *Innehalten der Mitte*, welches als eines der Vier Bücher Teil des konfuzianischen Kanons ist. Hier heißt es ganz am Anfang: „Wenn Freude und Zorn, Schwermut und Frohsinn noch nicht geweckt sind, das nennt man die *Mitte*. Sind sie geweckt und treffen sie doch das *Maß*, so nennt man dies Harmonie. Die Mitte ist das große Fundament der Welt. Die Harmonie ist der von der Welt erreichte Weg. Läßt man Mitte und Harmonie [zur Entfaltung] kommen, dann finden Himmel und Erde darin ihren festen Stand, und alle Dinge gedeihen dort."[8] Der Mensch ist immer Mitte und Ausgangspunkt dieser pragmatischen Philosophie: Das Gleichgewicht der Welt beginnt bei mir. Jeder trägt die Verantwortung für das Gleichgewicht der Welt. Sich dieser Verantwortung nicht zu entziehen ist eine Tugend: „Die Tugend des Innehaltens der Mitte ist das Höchste!" (Lunyu 6,27)

Die Rede von der Mitte und der Harmonie spielt bei Laozi kaum eine Rolle. Was bei ihm den Ausgleich zwischen dem Gegensätzlichen vermittelt, was Widersprüchliches vereint, was am Anfang und im Mittelpunkt der „Zehntausend Dinge" steht, ist das Dao, das

7 Zitiert nach Günther Debon: Tao-Tê-King. Das Heilige Buch vom Weg und von der Tugend. Stuttgart 1979 (1961).
8 Zitiert nach Heiner Roetz: Die chinesische Ethik der Achsenzeit. Frankfurt am Main 1992, S. 174.

麒麟送子

Eine. Seine Sprache bleibt lapidar, schwer. Er wurde gezwungen, von dem zu schreiben, was keinen Namen hat. Erst Zhuangzi, der ein paar hundert Jahre später in seiner Nachfolge schreibt, ist davon zu phantastischen Höhenflügen inspiriert. Und er spricht von den *Zehntausend Dingen*, als wären sie eines Weges Spur. Auch der Mensch ist eines von den Zehntausend Dingen. Wer es vermag, sich den Dingen ringsum und dem Ding in sich zu öffnen, ist jenseits allen Unterschieds mit sich und der Welt in Harmonie.

Einer, dem dies gelang, war *Pao Ding*: „Pao Ding, der Koch zerteilt für den Fürsten ein Rind: wohin die Hand stößt, wogegen die Schulter sich neigt, worauf der Fuß tritt, worein das Knie sich beugt – reißend hallt es wider, von den Hieben des Messers – zerreißend inmitten, klingt es ein, in die Töne der Tänze des Maulbeerhains, in den Rhythmus der Gedichte und Lieder. Der Fürst, mit Weh: Wahrhaftig! Die Kunst vollendet hier. Der Koch aber spricht vom Messer: Euer Diener liebt den Weg; er geht auf in Kunst. Anfangs sah ich beim Zerteilen eines Rinds nichts daran nicht als Rind; nach drei Jahren hatte ich ein Rind nie als ganzes gesehen; nun begegnet es in etwas, das kein Augen mehr schaut; das Erkennen hält ein, etwas willfahrend, das der Himmel fügt; der Schlag durch die großen Flanken, das Geleit durch die großen Höhlen, folgt seiner Sicherheit. Nie erfahren bleibt die Kunst, durch die Gelenke zu gleiten wie durch das große Gerippe! Ein guter Koch wechselt das Messer Jahr für Jahr: es stumpft ab. Ein Koch wechselt das Messer Monat für Monat. Es zerbricht. Dieses Messer nun, hat neunzehn Jahre, über tausend Rinder schon zerteilt, seine Schneide aber erscheint neu geschliffen. In jedem Glied gibt es noch Spalten, in des Messers Schneide aber keine Dicke: mit nichts also geht es in den Spalten weiter, immer weiter fährt es zwischen diesem Mehr von Raum: neunzehn Jahre, und seine Schneide erscheint neu geschliffen. Doch kommt eine Stelle, die ich schwer zu durchtrennen sehe – furchtsam wie gewarnt, im Blick wie innegehalten, im Schritt wie geführt – hat da eine Bewegung des Messers, in äußerst feiner Gewalt, sie schon zerteilt. Erde nämlich, gibt dem Erdboden nach. – Er nimmt das Messer, steht auf. Blickt um sich. Sein Herz erfüllt, ehrt er das Messer und birgt es.“ (Zhuangzi, Buch II)

Pflege der guten Tugenden

Das Zeichen der *Tugend* 德 *de* ist gleichlautend mit dem *Zeichen* 得 *de erhalten, bekommen*. Man erklärt diese lautliche Entsprechung beider Zeichen mit folgender semantischer Verbindung: *Tugend* ist das, was man bei der Geburt ins Herz gelegt *bekommt*. Die Anlage dieser Tugend beständig zu pflegen, ist ein großes Anliegen der Konfuzianer: Es herrscht Ordnung im Staat, wenn die Fünf unterschiedlichen sozialen Beziehungen zwischen den Menschen von Tugend geleitet und getragen sind. Mit den Fünf sozialen Beziehungen *(wulun)* ist das Verhältnis zwischen Fürst und Diener/Untertan, zwischen Vater und Sohn, zwischen Mann und Frau, zwischen Älteren und Jüngeren und zwischen Freunden gemeint. Die Tugenden, die diese Beziehungen bestimmen, sind: Gerechtigkeit und Loyalität, Mitleid und Pietät, die Riten, Respekt und Vertrauen. „Der Meister sprach: Wird die Tugend nicht gepflegt, wird das Lernen nicht gelehrt, darf der Gerechtigkeit nicht gefolgt werden und kann das Schlechte nicht geändert werden, dann bin ich in großer Sorge.“ (Lunyu 7,3)

Drei dieser fünf Beziehungen sind besonders auf die Familie bezogen. Den höchsten Stellenwert hat hier die Beziehung zwischen Kind und Eltern, zwischen Vater und Sohn. Die Schuldigkeit der Kinder den Eltern gegenüber ist dabei höher als die Schuldigkeit der Eltern ihren Kindern gegenüber. Die Kindespietät beinhaltet vor allem die Pflicht, die Eltern im Alter zu ernähren, drei Jahre nach dem Tod der Eltern zu trauern, den Ahnen zu opfern und vor allem, den

Abb. 17 (linke Seite): Das Qilin möge Söhne bringen. Großformatiger Holzschnitt (106 x 60 cm), freie Übermalung. Yangliuqing

Abb. 18: Die Geschichte von Kuo Kü (vgl. S. 30, Ausschnitt aus Abb. 10: Die Vierundzwanzig Geschichten kindlicher Pietät)

9 Zitiert nach Ingrid Plank und Cäcilie Hong-Chen: Die 24 chinesischen Geschichten kindlicher Pietät. Bochum 1997. Dort heißt es auch im Nachwort von Heiner Roetz: „Ob allerdings das Ershisi xiao seinem Zweck, die Achtung der Älteren zu befördern, wirklich dienlich war, kann bezweifelt werden. Zumindest manche der von ihm angepriesenen Vorbilder dürften eher abschreckend gewirkt haben. Lu Xun, der berühmteste moderne Literat Chinas, der wie viele Generationen zuvor als Kind mit dem Text bekannt wurde und ihn später mit beißendem Spott, aber auch mit Verbitterung kommentierte, berichtet von einem paradoxen Effekt: Die Angst, sein Vater könne dem pietätvollen Guo Ju [Kuo Kü] nacheifern, der seinen Sohn um der Großmutter willen umbringen wollte, legte sich erst, als die eigene Großmutter endlich die Augen für immer geschlossen hatte.“ (S. 168)

Eltern selbst Nachkommen zu schenken (die Ahnenopfer durften nur von den Söhnen dargebracht werden; die männliche Nachkommenschaft war also wichtig, um die Linie der Familie nicht zu unterbrechen).

Die Gesellschaft Taiwans ist auch heute noch stark von den konfuzianischen Wertvorstellungen geprägt. Um das Bewußtsein dieser Werte in den Menschen in unseren modernen Zeiten wieder zu stärken, wird jedes Jahr ein *Pietätsmonat* ausgerufen, in dem die Lehrer dazu angehalten sind, ihren Unterricht im Rahmen dieses Themas zu gestalten. Darüber hinaus wird jedes Jahr *Der große Pietätspreis* an ein besonders aufopferungsvolles Kind verliehen. Ein eindrückliches Bild ist in diesem Zusammenhang die Darstellung der *24 Geschichten kindlicher Pietät* (Abb. 10).

Diese beispielhaften Geschichten aus der Yuan-Dynastie (13./14. Jahrhundert) sollen die Kinder zur Pietät erziehen und sind in China so bekannt wie hierzulande etwa der Struwwelpeter. Erwähnt sei nur eine dieser Geschichten, um zu veranschaulichen, wie radikal diese Tugend vorgestellt wird und wie kompromisslos sie ausgeübt werden soll: „Kuo Kü der Han, mit Mannesnamen Wen-kü, lebte in Armut. Er hatte einen drei Jahre alten Sohn, und seine Mutter sparte sich vom Essen ab und gab es diesem. Kü sprach zu seiner Gattin und sagte: ‚Wir sind so arm, daß wir die Mutter nicht zu versorgen vermögen, und nun bekommt gar der Sohn einen Teil vom Essen der Mutter. Warum begraben wir nicht diesen Sohn? Einen Sohn können wir wieder haben, die Mutter kann man nicht wieder bekommen.‘ Die Gattin wagte nicht, sich zu widersetzen. Eine Tages hob Kü eine Grube aus. Als er über drei Fuß tief gelangt war, erblickte er plötzlich einen goldenen Topf. Auf dem Topfe stand geschrieben: ‚Der Himmel schenkt das Gold dem Kuo Ku, dem Kindespflicht übenden Sohne. Die Beamten sollen es nicht entreißen, das Volk soll es nicht fortnehmen.‘ So wurde dem Knaben das Leben gerettet.“[9]

Der Wunsch nach reichem Kindersegen wird oft mit dem Einhorn, qilin (kylin), in Verbindung gebracht (Abb. 17). Auf dem Fächer, den die Fee schützend über den Knaben hält, steht in vier Zeilen: „Das Qilin möge Söhne bringen“. Das Kind hält in der einen Hand eine Lotosblume 蓮 *lian*, und in der anderen Hand eine Flöte 笙 *sheng*. *Liansheng* 聯 ist ein Homophon dieser beiden Zeichen mit der Bedeutung: „Mögest Du ohne Unterlaß gebären!“ Dass das weibliche Lin mit einer gesegneten Nachkommenschaft in Verbindung gebracht wird, geht auf eine Ode im Buch der Lieder zurück, die die edlen Nachkommen des legendären Königs Wen (Wan) besingt. Hier in der Übersetzung von Ezra Pound[10]:

Mythical beast

Kylin's foot bruiseth no root,
Ohé, Kylin.
In Kylin's path, no wrath,
Ohé, Kylin.
Kylin's tooth no harm doth,
Ohé, Kylin:
Wan's line
and clan.

Das Buch des Laozi, *Daode jing*, heißt in der deutschen Fassung von Günther Debon im Untertitel: *Das Heilige Buch vom Weg und von der Tugend*. Diese Tugend hier muss eine andere sein als die des Konfuzius, der sie als moralischen Wert und Grundlage der sozialen Beziehungen und Hierarchien lehrt: „Wenn der Große Weg verkommt, gibt es Menschlichkeit und Gerechtigkeit. Wenn Weisheit und Klugheit verlauten, gibt es großen Betrug. Wenn die verwandtschaftlichen Beziehungen nicht mehr harmonieren, gibt es Kindespietät und mütterliche Zuneigung. Ist der Staat im Chaos, gibt es loyale Minister.“ (Kap. 18) Erinnern wir uns an die etymologische Verwandtschaft von 德 *de* und 得 *de erhalten/bekommen* und ein Schritt weiter

Abb. 19: Zaojiu-xianweng. Die Gottheit des Weinkelterns. Altar- und Opferbild, Peking

wirken/bewirken. Kraft, Wirkkraft, Tugendkraft, Ausstrahlung, Macht, das lateinische virtus sind Bedeutungsnuancen dieses, im daoistischen Kontext nicht mehr so einfach zu übersetzenden Begriffs. Es fehlt hier nicht nur das Wort, das *de* in seiner ganzen Vielfalt entspricht. Es bildet sich auch kaum eine klare Vorstellung, ein allgemeiner Begriff aus dem verstreuten und widersprüchlichen Gebrauch dieses Zeichens in den einschlägigen Schriften. Ich zitiere deshalb an dieser Stelle Marcel Granet (in der Übersetzung seines Schülers Manfred Porkert): „Die *Väter des Taoismus* haben das Wort *tao* 道 selten gebraucht, ohne es mit dem Wort *tê* 德 in Beziehung zu setzen. Der letztgenannte Ausdruck bezeichnet bei ihnen die sich in Einzelheiten manifestierende Wirkkraft. Der zweifache Ausdruck *tao-tê* wurde in der Alltagssprache stets benutzt, um die Vorstellung der *Tugend* (virtus), jedoch nicht in der rein moralischen Wortbedeutung, zu vermitteln. *Tao-tê* bedeutet *Prestige, fürstlicher Einfluss, wirksame Autorität*. In der Sprache der Mythen ist *tê* eine Bezeichnung der Beschaffenheit der vollkommensten und königlichsten Genien. Wahrscheinlich führte das Bestreben, zwei sich im Grunde wenig voneinander abhebende Begriffe durch einen Vergleich zu unterscheiden, dazu, dass man dem Wort *tê* die Bedeutung einer *sich spezifisch äußernden Tugend oder Kraft* verlieh und in der Philosophensprache mit diesem Ausdruck die Vorstellung einer Wirkkraft belegte, die sich, indem sie sich verwirklicht, in Einzelerscheinungen aufsplittert. Während also an tê in erster Linie der Gedanke einzelner Errungenschaften geknüpft ist, drückt tao die allesumfassende Ordnung aus, die sich in der Gesamtheit aller Begebenheiten bekundet."[11] Das Zeichen *de*, das in konfuzianischen Texten ziemlich genau unserem Wort Tugend entspricht, ist im Daoismus frei von jeglichem moralischen Wert.

Abb. 19 zeigt den Gott des Weines mit einem dreibeinigen Weinkelch in der Hand. Im Wunsch nach dem Jenseits nahmen viele Daoisten Drogen oder tranken Wein, auch um sich trotz politisch schwieriger Zeiten entspannt und gelöst den Künsten zu widmen. Ein solcher war (im 3. Jahrhundert) auch Liu Ling, der das Lied *Von der Tugend des Weins* schrieb. Eine Anekdote berichtet: „Liu Ling war krank vom Wein, hatte großen Durst, ging zu seiner Frau und bat um Wein. Die Frau vergoß den Wein und zerschlug die Becher. Unter Tränen sprach sie mahnend: Ihr trinkt viel zu viel! Dies ist nicht der Weg das Leben zu erhalten! Ihr solltet damit aufhören! Ling sagte: Sehr gut. Ich kann es mir aber nicht selbst verwehren. Ich muß den Göttern schwören, damit aufzuhören. Bitte stelle Wein und Fleisch als Opfergaben bereit. Die Frau sprach: Gerne, wie Ihr wünscht. Sie stellte Wein und Fleisch vor die Götter auf den Altar und bat Ling seinen Schwur zu leisten. Ling kniete nieder und betete: ‚Der Himmel gebar Liu Ling und gab ihm den Namen des Weins. In einem Zug trinkt er eine Gallone und fünf Scheffel beheben seinen Kater. Auf die Worte der Frau braucht ihr nicht zu hören!' Er leerte den Wein, aß das Fleisch und im Nu war er wieder betrunken."[12] Hat so die Tugend sich erst verselb-

10 Ezra Pound: The Classic Anthology Defined by Confucius. Cambridge Mass. 1954, S. 6. Eine „Wörtliche Übersetzung" dieser Ode liefern H. Köser und A. Hetzer in Das Liederbuch der Chinesen, Frankfurt 1990:
„Die Hufe des Lin [Einhorns]. Ehrfurcht gebietende [majestätische; zahlreiche] Söhne des Herzogs, halali [o weh], Lin! Der Scheitel [die Stirn] des Einhorns. Ehrfurcht gebietender Stamm des Herzogs, halali [o weh], Lin! Das Horn des Einhorns, Ehrfurcht gebietendes Geschlecht des Herzogs, halali [o weh], Lin!"

11 Marcel Granet: Das chinesische Denken. München 1980 (1934), S. 229 f.

12 Shishuo Xinyu 23.3.

ständigt und die Moral hinter sich gelassen, wird es schwer, unsere Vorstellungen dieses Begriffes noch mit diesem Wort zu verbinden.

Abb. 20: Siming zhi shen. Der Herdgott als Schicksalsgottheit: Der Herdgott berichtet dem Himmel über die Taten der Menschen, und der Himmel sendet je nach den Taten der Menschen Segen oder Strafe. Altar- und Opferbild, Peking

Das Erfüllen seiner Lebensaufgabe

Hier geht es um das Zuendebringen seines Auftrages, seiner Lebensaufgabe: 命 *ming*, Auftrag, Befehl, aber auch Geschick und Leben. Dieses Zeichen ist lautlich und graphisch verwandt mit den Zeichen 令 *ling anordnen* und 名 *ming Name*. 命 ist also der vom Schicksal durch den Namen erteilte Auftrag für das Leben. 名 *Ming* ist zum einen der persönliche Name des Menschen, den der Vater dem Kind (traditionellerweise) drei Monate nach der Geburt verleiht. Man trägt zwar diesen Namen, doch benutzt man ihn kaum. Man hat noch andere Namen: den Rufnamen, den Beinamen, den Mannesnamen und auch heute noch nennt man sich in der Familie mit den Bezeichnungen *ältere/jüngere Schwester/Bruder, älterer/jüngerer Onkel/Tante mütterlicherseits/väterlicherseits* usw. an. Der persönliche Name des Kaisers war immer tabuisiert, denn man fühlte, dass der Name aufs engste mit der jeweiligen Person verbunden ist. 名 *ming* ist jedoch auch die Bezeichnung für jedes Wort dieser Sprache, die also als aus Namen bestehend betrachtet wird. Zwischen den Zeichen, die als Eigennamen dienen und einem gewöhnlichen Wort, das eine auszulegende Bedeutung trägt, gibt es keinen Unterschied. Dies macht es einfacher zu verstehen, wie der Name einer Person gleichzeitig einen Auftrag erteilen kann. Der Inhalt dieses Auftrags ist jedoch an der Bedeutung dieses Namens bzw. Wortes nicht einfach abzulesen, da, wie wir bei den lautlichen und graphischen Anklängen verschiedener Zeichen schon gesehen haben, die Feststellung der Bedeutung eines Zeichens eine sehr komplexe und vielschichtige und im Grunde unabschließbare Sache ist. Durch die Vielzahl von Kontexten, in denen der Name als Wort verwendet erscheint, werden seine Bedeutungsnuancen unabsehbar gestreut und die Aufgabe, die im Leben mit dem zugewiesenen Namen verbunden ist, bleibt eines jeden Geschick.

Wollte man diese Lebensaufgabe im Sinne eines Konfuzianers gut erfüllen, sollte man sich dazu aufgerufen fühlen, einerseits sein Amt im Geiste einer politischen Verpflichtung dem Staate gegenüber verantwortungsvoll auszuüben, sowie andererseits seinen Mitmenschen stets im Bewusstsein der von den unterschiedlichen sozialen Beziehungen geforderten Tugend zu begegnen. Um Maßstäbe für diese politischen Hierarchien und zwischenmenschlichen Relationen zu setzen, war es notwendig, ein System von eindeutigen Begriffen zu ihrer Definition zur Verfügung zu haben. Berühmt ist in diesem Zusammenhang Konfuzius Antwort auf die Frage seines Schülers Zilu, was er dem Herrscher von Wei bei der Aufgabe, das Land zu

regieren, zuerst raten würde: „Man muß die Namen richtigstellen!“ Zilu sagte darauf: „Tatsächlich? Das scheint mir weit gefehlt. Wozu bedarf es ihrer Richtigstellung?“ Der Meister: „Wie ungebildet erscheinst Du! Der Edle gibt sich in bezug auf das, wovon er nichts versteht, bedeckt. Sind die Namen nicht richtig, dann funktioniert die Sprache nicht. Funktioniert die Sprache nicht, dann bleiben die Angelegenheiten unerledigt. Bleiben die Angelegenheiten unerledigt, dann gedeihen die Riten und die Musik nicht. Gedeihen die Riten und die Musik nicht, dann trifft das Strafmaß nicht zu. Trifft das Strafmaß nicht zu, dann weiß das Volk nicht, wie es Hand und Fuß richtig bewegt. Der Fürst also, wenn er Namen nennt, muß er darauf achten, daß die Sprache funktioniert. Wenn er spricht, muß er darauf achten, daß man danach handeln kann. In seiner Sprache darf ein Fürst nicht fehlen.“ (Lunyu, 13,3)
Die Aufgabe des Schicksals ist also für den Konfuzianer ganz eingebunden in den gesellschaftspolitischen Zusammenhang. Es erstaunt deshalb nicht, dass wir in Abb. 20 den Schicksalsgott als Beamten sehen, der über das Geschick des Menschen waltet.
Ein anderer Typus dieser Gottheit ist der Herr des Sterns über das persönliche Schicksal in Abb. 22: Ein Alter, ohne Beamtenkappe, doch mit einer überdimensional hohen Stirn (die uns an die daoistischen Unsterblichen erinnert), einem Wunschzepter, dessen Kopf die Form des Pilzes der Unsterblichkeit hat und einem Gewand, das mit dem Zeichen der Langlebigkeit bedruckt ist. Auf den beiden Schriftbändern hinter ihm und unter dem glückverheißenden Hahn (als Symbol der Sonne) die Zeichen *Das Glück gleiche dem Ostmeer!* Die Zeichen *Ein langes Leben gleich den Bergen des Südens!* unter dem (Mond-) Hasen mit dem Mörser stehen als Symbol der Langlebigkeit. Das Meer und die Berge wiederum erinnern an die Inseln und Rückzugsorte der daoistischen Unsterblichen.

Der in die gesellschaftliche Hierarchie eingebundene konfuzianische Schicksalsgott auf der einen Seite und die individualistische, jenseits des sozialen Gefüges der Welt stehende daoistische Sternengottheit auf der anderen Seite illustrieren einen grundlegenden Unterschied zwischen den beiden großen Lehren Chinas: Die eine sieht den Menschen als Teil einer Gemeinschaft von anderen Menschen, und das ganze konfuzianische Werte- und Normensystem nimmt bezug auf diese Grundsituation; die andere sieht den

Abb. 21 (links): Huo De Xing, als Feuergott verehrte Personifikation des Planeten Mars (vgl. Abb. 30). Großes Altarbild (70 x 63 cm), Mehrfarbendruck; Lokalstil, vermutlich Shandong

Abb. 22: Der Herr des Sterns über das persönliche Schicksal. Altar- und Opferbild, Peking

Menschen als ein immer auf sich zurückgeworfenes und letztendlich nur sich selbst gegenüber verantwortliches Einzelwesen, das sich höchstens als Teil der Spontaneität und der Ganzheit der Natur, aber keinesfalls als Teil einer künstlich geschaffenen Ordnung fühlt.

Der Konfuzianismus kam hier ausführlicher zu Wort und war reicher bebildert. Dies ist kein Zufall: Konfuzius sah sich als Lehrer, mit dem Auftrag, die Menschen (und vor allem die Fürsten) zu bilden und die Welt zu verbessern. Sein Instrument war die Sprache, an deren Mitteilungs- und Aussagekraft er glaubte. Der extreme Individualismus eines Laozi hingegen, der bis zur Auflösung des Begriffes eines Menschen oder einer Person und des Individuums geht, entzieht sich dem Willen zur Verallgemeinerung. Und dieser Entzug geschieht zunächst sprachlich, da seine Worte nicht der Mitteilung dienen: „Der Weg, den man gehen kann, ist nicht der ewige Weg. Der Name, den man nennen kann, ist nicht der ewige Name.“[13] Der so skizzierte Entzug ist aber keineswegs als unwiderrufliche Abkehr von der Sprache und ihren Sprechern aufzufassen, sondern als Auf- und Auseinanderbruch im Augenblick der Mitteilung eines jeden ausgesprochenen Worts: Kein Gesetz und keine Regel können ihm vorgeschrieben werden, die es in den Bahnen der Mitteilung halten.

13 Daode jing, Kapitel,1.

Ernst Bloch: Glück und Heimat

Ziel ist jene Gemeinschaft, wo die Sehnsucht der Sache nicht zuvorkommt, noch die Erfüllung geringer ist als die Sehnsucht. Das ist Sein wie Hoffnung, ist der schließlich manifestierte Was- und Wesens-Inhalt unseres strebenden Daß-Faktors, ein „Quid“ pro „Quod“, das heißt ein solches Was und Wesen, daß die Intention darin aufgehoben werden mag. Gerade aber auch das menschliche Vermögen zu solch absolutem Zielbegriff ist das Ungeheure in einem Dasein, wo das Beste noch Stückwerk bleibt, wo jeder Zweck immer wieder Mittel wird, um dem noch gänzlich unsichtigen, ja an und für sich selbst noch unvorhandenen Grundziel, Endziel zu dienen. Marx bezeichnet als sein letztes Anliegen „die Entwicklung des Reichtums der menschlichen Natur“; dieser „menschliche“ Reichtum wie der von „Natur“ insgesamt liegt einzig in der Tendenz-Latenz, worin die Welt sich befindet – vis-à-vis de tout. Mit diesem Blick also gilt: Der Mensch lebt noch überall in der Vorgeschichte, ja alles und jedes steht noch vor Erschaffung der Welt, als einer rechten. Die wirkliche „Genesis ist nicht am Anfang, sondern am Ende“, und sie beginnt erst anzufangen, wenn Gesellschaft und Dasein radikal werden, das heißt sich an der Wurzel fassen. Die Wurzel der Geschichte aber ist der arbeitende, schaffende, die Gegebenheiten umbildende und überholende Mensch. Hat er sich erfasst und das Seine ohne Entäußerung und Entfremdung in realer Demokratie begründet, so entsteht in der Welt etwas, das allen in die Kindheit scheint und worin noch niemand war: Heimat.

Ernst Bloch: Das Prinzip Hoffnung. Frankfurt am Main: Suhrkamp 1959/1967, Bd. 3, S. 1628.

Glückszeichen

Marie-Luise Beppler-Lie

Es war im ersten Semester meines Sinologiestudiums, noch in einer Zeit, in der die Volksrepublik China sich in „kulturrevolutionärer" Weise abgeschottet hatte, und direkte und den realen Verhältnissen entsprechende Nachrichten aus dem Reich der Mitte äußerst rar waren, da besuchte ich mit Kommilitonen eines der damals – aus heutiger Sicht – erstaunlich wenigen Chinarestaurants. Noch nicht sehr viel Chinesisch gelernt, aber doch immerhin soviel, dass ich wenigstens ausmachen konnte, ob ein Schriftzeichen richtig herum geschrieben war, und mit einem Selbstbewusstsein gesegnet, das glaubte sich anmaßen zu können, andere Menschen zu beurteilen und in Schubladen stecken zu können, mokierte ich mich nicht nur darüber, dass diese Auslandschinesen in der Dekoration ihrer Räumlichkeiten ein gerüttelt Maß an chinesischem Aberglauben und rückständigem feudalistischem Gedankengut zum Ausdruck brächten, sie sich als „wirkliche" Chinesen aber gleichzeitig disqualifizierten, da sie ja noch nicht mal mehr ihre eigene Schrift beherrschten, hatten sie doch das Schriftzeichen „fu", das die Bedeutung „Glück" aufweist, falsch herum aufgehängt. Erst viel später kam ich drauf, dass das „Falsch"-herum-Aufhängen vollste Absicht gewesen war, und ich lernte schließlich auch, dass es mir als „Sinologin" eigentlich nicht anstand zu bewerten, sondern dass meine Aufgabe das Verstehen, Beschreiben und Vermitteln ist.

Kulturelle und zivilisatorische Äußerungen und Aktionen sind immer auch aufs engste mit der Sprache der jeweiligen Akteure verbunden. Für die chinesische Kultur scheint dies in einem noch weit höheren Grad der Fall zu sein. Es ist der besondere Charakter dieser Sprache und vor allem der geschriebenen, die sie heraushebt aus der Familie der Sprachen der Welt. Gerne wird behauptet, die chinesische Schrift sei eine Bilderschrift. Dies stimmt natürlich nicht, denn es ist leicht nachzuvollziehen, dass der Mensch mit Bildern alleine komplexe Vorgänge und Abstrahierungen schwerlich be-„schreiben" kann. Allerdings stand am Anfang einer jeden Schriftentwicklung in jeder Sprache zunächst das Bild. Im Gegensatz zu allen anderen heute noch lebendigen Schriftsystemen, die dann den Weg zur Lautschrift gingen, entwickelte das Chinesische jedoch ein Schriftsystem, dessen 40 000 bis 60 000 Schriftzeichen (die Zahlenangaben schwanken hier) in allererster Linie Sinnträger sind.

Abb. 23: Auf dem Kopf stehendes Glück

Der Anfang der chinesischen Schriftzeichen liegt sagenumwoben in grauer Urzeit verborgen. Die Legende schreibt die Erfindung der ersten Zeichen dem legendären ersten Kaiser prähistorischer Zeit Fuxi zu, dem sich eine Art Drachenpferd, das dem Gelben Fluß (Huanghe) entstiegen war, offenbarte. Es trug auf seinem Rücken mystische Zeichen: ba gua, die zum Gerüst des Buchs der Wandlungen (Yijing) wurden – die ersten „Glückszeichen", die zum Wahrsagen dienten und immer noch dienen.

Unter einem weiteren Kaiser dieser Vorzeit, Huangdi, soll ein gewisser Cang Jie die ersten Schriftzeichen geformt haben, als er sich in Gefangenschaft eines feindlichen Stammes befand und nach einem Mittel suchte, seinen eigenen Leuten Nachricht über seinen Aufenthaltsort und Zustand zukommen zu lassen, damit sie ihn befreien konnten.

Historisch belegt ist, dass bereits in der zweiten Hälfte des zweiten Jahrtausends vor unserer Zeitrechnung ein Schriftsystem existierte, auf dem die heutige Schrift basiert: die Orakelknochenschrift. Sie ist benannt

Abb. 24: Cang Jie, der Erfinder der Schriftzeichen wird mit vier Augen dargestellt, da ihn seine hohe Beobachtungsgabe dazu befähigte, die Phänomene der Welt in Schriftzeichen umzusetzen.

nach den archäologischen Fundstücken, nämlich Tierknochen und Schildkrötenpanzer, auf denen man diese Schriftzeichen eingeritzt fand. Diese hatten dazu gedient, das Orakel zu befragen, indem die Knochen mit Fragen beschriftet ins Feuer geworfen wurden. Die Antwort deutete man anhand der Risse und Sprünge, die durch die Hitze entstanden waren. Die Fragen, die hier in die Knochen eingeritzt wurden, betrafen in erster Linie Naturerscheinungen wie Regen oder Sonnenschein, Überschwemmungen, die Ernte, die Jagd oder den Fischfang. Auch wollte man Rat in menschlichen Angelegenheiten, Stellungnahme zu geplanten Kontaktaufnahmen zu anderen menschlichen Gruppen, zu Siedlungsgründungen, zu militärischen Aktionen, zu Krankheiten und zu Träumen. Dabei wurden diese Fragen in einem sehr knappen Stil verfasst, was sich sicherlich hauptsächlich daraus erklären lässt, dass es relativ schwierig ist, etwas in Knochen einzuritzen und die Knochen selbst auch nicht viel Raum boten. Die Fragen lassen sich etwa folgendermaßen wiedergeben (zitiert aus Wolfgang Bauer, China und die Hoffnung auf Glück):

„Am Tag Ting-ssu Orakel. [Orakelpriester] K'o fragt: Regen? Fragt: Nicht [Regen]?"

„Am Tag Kuei-mao Orakel. [Orakelpriester] Pin fragt: Expedition nach der Gegend X glücklich und erfolgversprechend?"

„Am Tag Kuei-yu Orakel. [Orakelpriester] Cheng fragt: König hat Magenschmerzen. Schlechter Verlauf?"

„Am Tag Ken-tzu Orakel. [Orakelpriester] Pin fragt: König träumte von weißem Ochsen. Vorbedeutung?"

Dass die Fragen so gestellt wurden, dass sie auf eine „Ja-Nein"-Antwort hinausliefen, oder nach dem Schema „glückbringend – unheilvoll" angelegt waren, mag daran gelegen haben, dass damit die in der Feuerhitze entstandenen Sprünge und Risse einfacher gedeutet werden konnten.

Im Laufe der folgenden Jahrhunderte hat sich diese Schrift verändert und weiterentwickelt, doch schon zu Beginn unserer Zeitrechnung fand die Entwicklung ihrer äußeren Form ihren Abschluss, und so kann man sagen, dass die Schriftzeichen, wie sie heute geschrieben werden, bereits ein Alter von zweitausend Jahren haben.

Unterscheidet sich das Schriftsystem nun grundsätzlich dadurch von allen anderen lebenden Schriftsystemen, dass es keine Lautschrift ist, so zeichnet sich die chinesische Sprache, neben weiteren Besonderheiten, auf die in diesem Zusammenhang nicht eingegangen werden kann, noch dadurch aus, dass sie eine Silbensprache ist. Nicht die relativ freizügige Kombination von Konsonanten und Vokalen formt ein Wort, sondern eine festgelegte Anzahl von Silben, im Falle des heutigen Hochchinesisch sind dies 407, liefert die lautlichen Möglichkeiten, die dieser

Abb. 25: Neujahrsbild. Fisch und Knabe

Sprache „nur" zur Verfügung stehen. Jedem Schriftzeichen wiederum ist eine Silbe zuzuordnen. Davon ausgehend, dass jedes einzelne Schriftzeichen (Ausnahme bilden sogenannte Funktionswörter, die chinesische Bezeichnung für solche Schriftzeichen könnte man mit „leere Wörter" übersetzen) Wortsinn hat, folglich also jede Silbe ein Wort ist oder zumindest sein kann, wird sofort klar, dass im gesprochenen Chinesisch viele Wörter gleichlautend sein müssen. Im Deutschen ließen sich Wörter wie „Bauer" *Landwirt/Vogelkäfig* oder „Mutter" *Kindsmutter/Schraubenmutter* anführen. So kann die Silbe „ma" insgesamt mindestens fünfzehn Bedeutungen haben (z.B.: „Mama", „Hanf", „Pferd" oder „beschimpfen"), die entsprechenden Schriftzeichen allerdings sind eindeutig. Ein geschriebener Text könnte aus lauter Schriftzeichen bestehen, die alle „shi" gelesen werden. Man könnte seinen Sinn nur aus den Schriftzeichen herauslesen, vorgelesen allerdings käme nur ein unverständlicher „shi"-Brei heraus. Einen solchen Aufsatz hat tatsächlich einmal jemand zu Demonstrationszwecken zusammengeschrieben.

Die gesprochene Sprache vermeidet nun Missverständnisse mittels Worttönen, die bedeutungsunterscheidend wirken (das Hochchinesische hat derer vier, und des Chinesischen nicht Mächtige meinen deshalb einen Singsang zu vernehmen, wenn sie Chinesen miteinander reden hören) und eindeutigen Wort- bzw. Silbenkombinationen, und sie funktioniert damit ebenso gut als Informationsträger zwischen den Sprechern wie jede andere gesprochene Sprache auch. Die Tatsache aber, dass so auffällig zahlreiche gleichlautende Wörter existieren, bildet die Grundlage für gewisse „Wort"-Spielereien, die im Chinesischen Tradition haben und sich in allen Lebensbereichen großer Beliebtheit erfreuen.

So steht der Fisch auf den Neujahrsbildern symbolisch für Überfluss, weil das Schriftzeichen mit der Bedeutung *Fisch* die gleiche Aussprache hat wie das Schriftzeichen mit der Bedeutung *Überfluss*.

魚	余
yú = Fisch	yú = Überfluss

Zeigt also ein Neujahrsbild ein dralles – traditionell immer männliches – Kind mit einem Fisch, so wie hier (Abb. 25), so wünscht man hiermit *Kinder im Überfluss*, in heutigen Zeiten der Ein-Kind-Politik in der Volksrepublik China nicht mehr ganz „political correct" und ein nur gegen gesellschaftliche Widerstände realisierbarer Wunsch. Werden dagegen Goldfische in einem Glas dargestellt, so bedeutet dies *Möge Gold im Überfluss* sein.

In dem Film „Gelbe Erde" (Huang Tudi) von Chen Kaige (sein Debütwerk, andere Filme von ihm sind „Lebewohl meine Konkubine" und „Der Kaiser und sein Attentäter"; bei „Huang Tudi" bedient Zhang Yimou die Kamera) wird die Symbolträchtigkeit des Zeichens *Fisch* in der Eingangsszene deutlich, in der eine dörfliche Hochzeitsgesellschaft vorgeführt wird. Bei ihr wird das obligatorische Überfluss demonstrierende oder wohl eher heraufbeschwörende Fischgericht wegen der Armut der Familie des Bräutigams in Form von mit Sauce übergossenen hölzernen Fischen serviert, um dem Brauch genüge zu tun. Fisch gehört auf jeden Fall auf eine festliche Tafel, selbst wenn keiner der anwe-

Weiterführende Literatur

Bauer, Wolfgang: China und die Hoffnung auf Glück. München: Hanser 1971.
Beppler-Lie, Marie-Luise und Wu Jianhong: Chinesisch effizient. Marburg, Frankfurt 1999.
Eberhard, Wolfram: Lexikon chinesischer Symbole – Geheime Sinnbilder in Kunst und Literatur, Leben und Denken der Chinesen. Köln 1983.
Karlgren, Bernhard: Schrift und Sprache der Chinesen. Berlin u.a.: Springer-Verlag 1975.
Li Leyi: Entwicklung der chinesischen Schrift am Beispiel von 500 Schriftzeichen. Beijing 1993.
Lindqvist, Cecilia: Eine Welt aus Zeichen. Über die Chinesen und ihre Schrift. München 1990.
Wang Hongyuan: Vom Ursprung der chinesischen Schrift. Beijing 1997.

senden Gäste Fisch mögen sollte, alleine seiner Glück (hier: Überfluss) herbeiwinkenden Wirkung wegen. Auch ist Fisch ein traditionelles Neujahrsessen, mit der Intention, für das kommende Jahr immer etwas zum Essen übrig haben zu wollen.

Abb. 26: Bauernmalerei. „Fischteich der Kommune", 1973

Abb. 27: Neujahrsbild. Kind-Fisch-Lotos

Die gleiche „Stellvertreter-Magie" findet sich in Darstellungen, auf denen Kind, Fisch und Lotos zusammen auftreten. Vielleicht denkt man zunächst an die Bedeutung, die dem Lotos im Buddhismus zukommt. Hier zählt er zu den acht Kostbarkeiten, und da er aus dem Morast emporwächst, sich seine Blüten und Blätter aber unbesudelt aus dem Wasser erheben, ist er das Sinnbild für Reinheit. Auf dem Neujahrsbild (Abb. 27) jedoch wird erneut die Lautgleichheit des Wortes *Lotos* (lian) mit *ununterbrochen* (lian) dafür genutzt, um die Beschwörungsformel *möge ununterbrochen Überfluss herrschen* zum Ausdruck zu bringen.

Eine „modernere" Version eines Glücksbildes findet sich unter den sogenannten Bauernmalereien aus dem Dorf Huxian, die sich in Zeiten der Kulturrevolution großer Beliebtheit erfreuten. Sie versuchten neben den „reinen" Produkten eines „sozialistischen Realismus", naive Elemente mit traditioneller Symbolik und politischer Aussage zu vereinen. Das Bild von 1973 nennt sich „Fischteich der Kommune" und es betreibt die Propagierung kollektiver Arbeit, deren Einsatz (alle ziehen an einem Strang/Netz) eine kaum fassbare Masse an Fischen, also das Glück = Überfluss erntet.

Eine andere Formel finden wir auf dem Neujahrsbild mit dem Mundorgel (sheng) spielenden Knaben (Abb. 28), der das rechte Bein gegen einen Lotosstängel stemmt: *ununterbrochen (sozial) aufsteigen* (sheng).

Auch die Darstellung von Vasen bedient sich des gleichen Prinzips. Das Zeichen für *Vase* (ping) steht stellvertretend für das gleichlautende Wort *Frieden* (ping). Ein Bild mit den Blumen der vier Jahreszeiten in einer Vase wünscht *Frieden in allen Zeiten*.

In Abb. 25, wo Fisch für Überfluss magisch genutzt wird, sind sogar die beiden Schriftzeichen mit der Bedeutung *haben* und *Fisch* über die eigentliche, bereits symbolträchtige Darstellung geschrieben, nicht, um damit denjenigen, die das Bild nicht verstehen, auf die Sprünge zu helfen – das wäre hier ja nicht der Fall, wird doch lediglich mit

den Schriftzeichen (also Worten) gesagt, was die Darstellung auf den ersten Blick schon zeigt – sondern wegen der gestalterischen Qualität der Schriftzeichen.

Die Kalligraphie, also die Schönschrift, gilt unter allen Künsten als die höchste. Die chinesische traditionelle Tuschemalerei, die in monochromer oder farbiger Tusche Landschaften, Gräser und Blumen, Tiere und Vögel, Fische und Schalentiere usw. zum

Thema hat, verzichtet fast nie auf das kalligraphische Element. Das kann ein die Hälfte der Bildfläche einnehmender Text sein, eine Gedichtzeile, oder einfach nur der Name des Malers und das Jahr der Entstehung des Bildes, das wie ein Bestandteil der Gesamtkomposition harmonisch in das Bild integriert wird. Ohne dieses schriftliche Element würde man ein traditionelles Tuschebild als unvollständig empfinden. Gleichzeitig erinnern chinesische Kalligraphien im freien, scheinbar ungebundenen und nur noch schwer lesbaren Stil an abstrakte oder expressionistische Gemälde. Der hohe Stellenwert der Kalligraphie erklärt sich aus der Bedeutung, die der chinesischen Schrift für die gesamte chinesische Kultur zukommt. Die gestalterischen Möglichkeiten, die die Schriftzeichen bieten, liegen in ihrem ästhetischen Aussehen, ihrer modulhaft zusammengesetzten quadratischen Form und gleichzeitig modulartigen Einsatzmöglichkeit, sowohl syntaktisch, als auch graphisch.

Das Chinesische ist eine unflektierte Sprache, d.h. es kennt keine Konjugation und keine Deklination, also keine Wortendung, die sich je nach Funktion des Wortes im Satz verändert – die Schriftzeichen sind wie vorgefertigte unveränderliche Bausteine, die sich in erster Linie nach bestimmten Regeln der Wortstellung zu einem Satz zusammenfügen. Das verleiht den Schriftzeichen eine hohe Kompatibilität. Über jeder Tür und jedem Tor zu einem repräsentativen oder sakralen Gebäude oder über dem Eingang zu einer Gartenanlage ist eine Schrifttafel angebracht, die den Namen des Gebäudes trägt. Vor jeder Naturszenerie, die ein für Naturschönheiten empfänglicher Mensch der Beachtung wert findet – der Fuß oder der Gipfel eines Berges, eine Felsformation, enge Schluchten, Pässe, Wasserfälle – sieht man Schriftzeichen, die sich namentlich oder in Beschreibung über das zu Sehende auslassen, entweder auf Stelen eingemeißelt oder direkt in den Felsen gehauen. Und so finden sich Schriftzeichen

Abb. 28: Neujahrsbild. Mundorgel spielender Knabe

also auch eher dekorativ in unserem Neujahrsbild.

Auch wenn vorne bemerkt wird, dass die chinesische Schrift keine Lautschrift und in erster Linie sinntragenden Charakter hat, existieren nur wenige, direkt aus einem Bild abgeleitete Schriftzeichen. Die Zeichen *Sonne* und *Mond* können als solche gelten.

das Zeichen in der Orakelknochenschrift

日

rí *Sonne*
und daraus wurde das heute noch gebrauchte Zeichen

die Mondsichel ist deutlich zu erkennen

月

yuè *Mond*
und so sieht das heute noch gebrauchte Zeichen aus

Zahlenmäßig machen diese Piktogramme zwar nur einen geringen Teil aller Schriftzeichen aus (das Shuowen-Lexikon aus dem Jahr 121 führt 364 Zeichen auf), doch sie stellen sozusagen den Grundstock für die Bildung aller anderen Zeichen. Es sind Grundzeichen, vergleichbar mit den Elementen in der Chemie. Die anderen, nicht von Bildern abgeleiteten Schriftzeichen – und diese machen die große Mehrzahl aus – sind nämlich nicht wahllos und beliebig entstanden,

明

míng
hell, leuchtend

吉

jí
Glück, glückverheißend

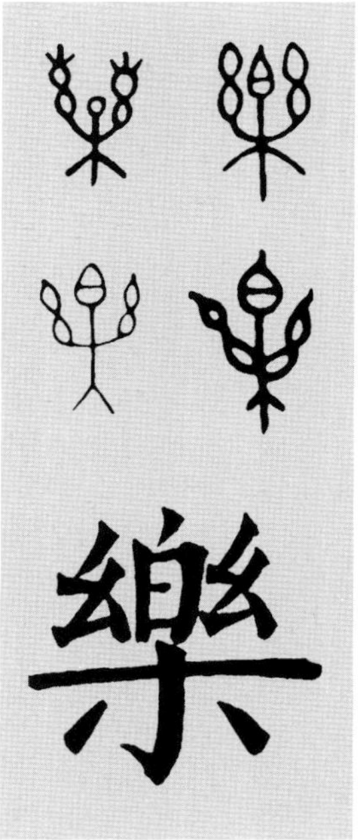

Abb. 29: Darstellung des Schriftzeichens yuè = Musik bzw. lè = Freude in seiner Entwicklung vom Orakelknochenzeichen bis zu seiner heutiger Schreibweise.

sondern ihre Entstehung folgte bestimmten Mustern. So wurde eine Reihe von Schriftzeichen nach dem Muster Sinn plus Sinn zusammengesetzt. Sonne und Mond bilden gemeinsam ein neues Schriftzeichen, dessen Bedeutung *hell* oder *leuchtend* ist, was in der Tat „einleuchtet" (siehe links oben).

Wir kennen das doch alle: Das *Glück* ist im Grunde nicht zu fassen. Entweder ist es zu nahe, so dass wir es nicht als solches erkennen, oder wir haben es in die Ferne projiziert, sowohl in die Zukunft als auch in die Vergangenheit. Alle Paradiese sind verlorene Paradiese, die in ferner Vergangenheit, in ferner Zukunft liegen, oder in einem anderen Land, auf einem anderen Stern, in einem anderen Himmel. Sicherlich können wir davon ausgehen, dass es genauso schwierig ist, das Glück anderer Menschen erfassen zu wollen, besonders, wenn sie auch noch einer anderen Kultur angehören. Die Unterschiede in der Kultur erschweren das Verständnis, andererseits müssen wir aber auch davon ausgehen können, dass es kulturübergreifende Vorstellungen von Glück gibt, die im allgemein Menschlichen begründet sind, und dass es kulturspezifische Ausdrucksformen von Glück gibt, die sich im Falle Chinas sicherlich mit dem Schlüssel der Schrift, den chinesischen Schriftzeichen, erschließen lassen.

Bereits auf den Orakelknochen findet sich ein Zeichen, das eigentlich *ausfüllen* oder *Sattheit* bedeutet und für *Glück, Segen* verwendet wird. Hierin manifestiert sich also eine Verwandtheit der Bedeutungen – Sattheit, Überfluss, Glück. Doch bereits die Shang-Leute (im zweiten Jahrtausend vor unserer Zeitrechnung) schienen ein Bedürfnis nach einer klaren Unterscheidung gehabt zu haben. Sie bildeten ein neues Zeichen, indem sie dem vorhandenen links einen Bestandteil hinzufügten, der ursprünglich einen Opferaltar zeigte, der sich aus einer Steinplatte mit einem säulenartigen Fuß zusammensetzte. Es trägt später die Bedeutung *Vorzeichen, Omen* und stellt damit den inhaltlichen Zusammenhang zu Heils- oder Unheilsprophezeiungen her.

畐	福
ausfüllen, Sattheit	Glück, Segen

Ursprünglich zeigte das Bild, das dem Zeichen vorausging, einen großen Schnapskrug, der von zwei Händen zum Opferaltar gebracht wird, um die Götter um Glück und Segen zu bitten. Die beiden Hände hat man später weggelassen und das Bild veränderte sich zu dem oben dargestellten Schriftzeichen.

Ein weiteres Schriftzeichen, das sich als Bildzeichen bereits häufiger auf Orakelknochen findet, hat die Bedeutung *Glück, glückverheißend* (siehe links Mitte). Es zeigt einen zeremoniellen, konischen Jadestab, der auf einem Altar steht.

Zweifellos das interessanteste der „Glücks"-Zeichen, die auf Bilder zurückgehen, ist die Darstellung eines Musikinstruments, vielleicht eines Schellenbaums, andere Wissenschaftler sehen ein Gestell mit verschiedenen Trommeln, wieder andere glauben, dass ein Zupfinstrument dargestellt sein müsse – Einigkeit besteht aber darin, dass es sich um ein Musikinstrument handelt. Hier findet die wichtige Beziehung zwischen *Glück-Freude* und *Musik* (siehe links unten, Abb. 29), die die alten Chinesen konstatierten, darin ihren Ausdruck, dass das gleiche Zeichen, allerdings mit unterschiedlicher Aussprache, sowohl Musik als auch Freude bedeuten kann. Philosophen wie der Konfuzianer Xunzi betrachteten die Musik als das Element in der Kultur, das die Menschen über alle Unterschiede hinweg vereinte. Für andere stellt die Musik die Einheit zwischen Himmel und Erde her.

Auch ein anderes Zeichen für *Freude, sich freuen* (siehe S. 41, links oben) stellt eine Beziehung zur Musik her, indem sein Piktogramm eine Trommel über einem Mund zeigt: wo die Trommel geschlagen wird, herrscht Freude. „Doppelte Freude“, also ein aus zweimal „xi“ bestehendes Dekorationszeichen, wird vorzugsweise für Hochzeiten verwendet. Große, rote Scherenschnitte zieren die Fenster des Brautgemaches, und mit diesem Zeichen verzierte Bettdecken, Thermoskannen und andere Stücke der Aussteuer zeigen an, dass man sich in einem Hochzeiterhaus befindet.

喜	囍
xí Freude, sich freuen	doppelte Freude

Wie oben erwähnt, war es auf die Dauer nicht befriedigend, nur Bilderzeichen als Schrift zur Verfügung zu haben. Mit Hilfe der Sinn-Kombination, wie sie anhand des Beispieles für „hell“ vorgeführt wurde, boten sich Erweiterungsmöglichkeiten, Zeichen zu bilden, doch auch diese reichten bei weitem noch nicht aus, um die zahllosen Phänomene der gesprochenen Sprache in Schrift zu fassen. Die Zeichenschöpfer der alten Zeit kamen schließlich einem neuen, nahezu revolutionären Prinzip zur Bildung von Schriftzeichen auf die Spur, nämlich zusammengesetzte Zeichen, in denen der eine Teil die Bedeutung und der andere Teil die Aussprache angab. Ohne also sonderlich die Bedeutung eines Zeichens zu beachten, benutzte man es aufgrund seines Lautwertes, es sprach sich eben genauso, wie das neu zu bildende Schriftzeichen, und man fügte ihm, dem Lautträger, ein Zusatzzeichen hinzu, das einen Hinweis auf die Bedeutung gab, und erhielt damit ein neues Zeichen. Den die Bedeutung bestimmenden Teil in Zeichen dieser Art nennt man heute gewöhnlich Radikal, und ein Zeichen, das nach diesem Muster gebildet wurde, kann man als Idee- und Lautkomplex bezeichnen. Anhand des oben aufgeführten Lautträgers „fu“, der sowohl die Sattheit als auch das Glück meinte, dessen Bedeutung aber in diesen Zusammensetzungen unwichtig wird, sei im folgenden eine Reihe von Schriftzeichen aufgeführt, die nach dem Muster Sinn plus Laut geformt sind:

Radikal	Lautträger	neues Zeichen
車 Wagen	畐	輻 fú = Radspeichen
巾 Tuch	畐	幅 fú = Stoffbahn
宀 Dach	畐	富 fú = Reichtum/ Wohlstand

Eine Reihe von Wörtern, die mit Glück zu tun haben, deren Aussprache man hatte, und für die man ein Schriftzeichen suchte, sind in der Folge nach dem Prinzip gestaltet worden, dass ihnen als Radikal das oben erwähnte *Omen* (Piktogramm eines Opferaltars) auf der linken Seite beigegeben wurde, und die rechte Seite den lautlichen Bestandteil aufweist (s. rechts).

Diese Methode der Schriftzeichenbildung erwies sich als außerordentlich produktiv, es wurde so möglich, quasi beliebig viele Zeichen herzustellen, und in Kang Xis großem Lexikon von 1711, das 48 641 verschiedene Zeichen enthält, sind es mehr als 90 Prozent, die nach dieser Methode gebildet wurden. Nun könnte man daraus schließen, dass doch so etwas wie ein Lautschriftsystem entstanden wäre. Allerdings ließe das unberücksichtigt, dass seit der Shang-Zeit bis heute an die dreitausend Jahre vergangen sind, in denen die gesprochene Sprache unter anderem auch ständigen lautlichen Veränderungen unterworfen war, die Zeichen jedoch haben ihre ursprüngliche Form behalten. Viele Zeichen,

禎
zhen
heilbringend

祥
xiang
glückverheißend, Glück

祚
zuo
Segen, Glück, Ehre

祺
qi
Glück, Segen

die einst als Lautträger geeignet waren, teilen dem Leser inzwischen leider nicht mehr, oder nicht mehr exakt mit, wie das Zeichen ausgesprochen werden soll.

Beim folgenden Schriftzeichen immerhin hat sich das Lautelement erhalten,

虫 + 畐 = 蝠

Insekt — fú Fledermaus

und erneut führt die Tatsache, dass *Fledermaus* und *Glück, Segen* (s. o.) die gleiche Aussprache haben, dazu, dass die bildliche Darstellung von Fledermäusen stellvertretend für das Glück magische Bedeutung erhält. China kennt fünf Glücksgötter, die meist als Männer in offiziellen Roben dargestellt werden. Der erste Gott, der oft mit einem Kranich gezeigt wird, gewährt langes Leben, der zweite Reichtum, der dritte Wohlbefinden, der vierte Tugend und der fünfte Gesundheit. Die fünf Glücksgötter können von fünf Fledermäusen umgeben sein, gleichwohl kann aber auch alleine die Darstellung von fünf Fledermäusen für die Glücksgötter selbst stehen. Das chinesische Wort für *Geld* lautet „qian", „qian" kann aber ebenfalls *vor* heißen. Sehen wir also eine Fledermaus mit einer alten, mit quadratischem Loch versehenen Münze, so soll uns das *Glück vor deinen Augen* wünschen, wobei das Loch der Münze wiederum die gleiche Bezeichnung ist wie Auge.

Ach ja, und das anfangs erwähnte auf dem Kopf stehende „fu" hat natürlich auch etwas zu bedeuten, was sich aus der Homophonie der Silben ableiten lässt. Heißt doch *verkehrt herum aufhängen* „dao", *ankommen* wird aber genauso gesprochen, womit die stellvertretende Magie klar wird: *Das Glück soll ankommen.*

福
倒
了

„Das Glück hängt verkehrt herum."

Die Utopie des Menzius (372-289 v.Chr.)

„Wenn man nicht willkürlich [durch Auferlegung zweckfremder Zwangsarbeiten] gegen die von den Jahreszeiten vorgegebenen Tätigkeiten in der Landwirtschaft verstößt", belehrte Menzius den König Hui von Liang, „wird man mehr Korn ernten, als überhaupt gegessen werden kann. Wenn zu enge Netze in den Teichen und Seen nicht erlaubt werden, dann wird es mehr Fische und Schildkröten geben, als überhaupt verzehrt werden können. Wenn Axt und Beil nur zur rechten Zeit in den Bergwäldern Eingang finden, dann wird man das Bauholz gar nicht mehr aufbrauchen können. Wenn all das geschieht, dann gibt man dem Volk damit Gelegenheit, die Lebenden zu ernähren und die Toten zu betrauern ohne Gram, und das wiederum ist der erste Schritt zu einer wahrhaft königlichen Regierung (wang-tao). Laßt Maulbeerbäume um die Anwesen von fünf mou pflanzen, und die Leute von 50 Jahren [und älter] werden in Seide gekleidet sein. Beim Vieh laßt nicht die rechte Zeit zur Paarung vorübergehen, und die Leute von 70 Jahren [und älter] werden immer Fleisch essen können. Stehlt den Leuten nicht die Zeit, die sie brauchen, um ihr Anwesen von 100 mou zu bestellen, dann werden auch Familien mit mehreren Mündern keinen Hunger leiden müssen. Wendet Euer Augenmerk auf die Erziehung in den Schulen, laßt das Volk unterweisen in der Gesinnung von Pietät und Bruderliebe, und auf den Straßen werden keine Grauhaarigen mehr zu sehen sein, die schwere Lasten schleppen. Daß der Herrscher eines Staates, in dem solches geschieht, nicht die Königswürde erhielte – das hat es noch nie gegeben."

Aus Wolfgang Bauer: China und die Hoffnung auf Glück. Paradiese, Utopien, Idealvorstellungen. München: Hanser 1971, S. 52.

Verblichenes Glück, neues Glück: Chinas populäre Druckgrafik und ihr Umfeld

Detlev von Graeve

„Und schließlich ist China ein so gewaltiges Land, daß Überlieferungen, die in der einen Gegend befolgt werden, in einem anderen Teil des Reiches möglicherweise schon ausgestorben sind. Die Großen Feste werden überall noch gefeiert. Aber andere, nicht weniger interessant und als Schlüssel zur Seele des Volkes nicht weniger wertvoll, sind gewissen Provinzen eigentümlich, manchmal sogar nur gewissen Distrikten."
(Bredon/Mitrophanow, Das Mondjahr, S. 12)

Chinesisches Neujahr

Der Sinologe Josef Heijzlar beschrieb 1972 mit wehmütigen Worten das traditionelle Neujahrsfest, das auf den zweiten Neumond nach der Wintersonnenwende im Dezember fällt, also irgendwann zwischen Mitte Januar und Mitte Februar:

„Das Neujahrsfest war der größte chinesische Feiertag – das Fest der neuen Hoffnungen, des Erwachens der Natur. Es war in erster Linie ein Familienfest, bei dem auch die Verstorbenen und verschiedene Götterbilder verehrt wurden. Die besten Speisen, neue Kleider, Geschenke, Besuche, Fröhlichkeit, Spiele und Vergnügen – das alles gehörte zum Neujahrsfest, das das ganze Land in diesen festlichen Stunden vereinte. Wenn wir einen Vergleich wagen wollten, so entspräche das chinesische Neujahrsfest unseren Weihnachten, Neujahr und Ostern zusammengenommen. Für die Volkskunst bedeutete es Hochsaison. Auf den Märkten und vor den Tempeln und Pagoden, aber auch in den Häusern wurde Literarisches geschaffen, Theater gespielt, musiziert, getanzt und selbstverständlich auch bildende Kunst produziert. Die hellen Farben der Papierschnitte, des neuen Spielzeugs, des Blaudrucks, der Stickereien und Lampions, Laternen und roten Kerzen und natürlich auch der Neujahrsbilder und Neujahrs-Türbilder, die an die Haustore und Wände geklebt wurden, belebten die Szenerie dieses festlichen Treibens. Über all dem flogen bunte Papierdrachen und donnerten Feuerwerke; die Luft war von Weihrauch gesättigt. (...) Ein paar frohe, glückliche Tage im unendlich schweren und grauen Strom eines Lebens voller Mühsal und kleinerer oder größerer Tragödien – nur eine Illusion von Glück und Reichtum –, das war dieses Neujahrsfest." (Hejzlar, S.55)

Abb. 30: Nanfang huodexingjun. Die Sterngottheit des südlichen Feuers. Personifikation des Mars mit drei Augen (vgl. Abb. 21). Altar- und Opferbild, Peking

Er hätte hinzufügen können, dass die Festperiode bereits Wochen früher begann und das Fest am Tag des *Frühlingsanfangs* und mit dem *Laternenfest* beim ersten Vollmond noch zwei weitere Stationen durchlief. Bereits am Tag der Wintersonnenwende wurden, vor allem aus der Beobachtung der Wolken, die Vorhersagen für das kommende Jahr gemacht, und etwa vier Wochen vor dem eigentlichen Neujahrsfest begann man dann unter Anleitung von Priestern und Schamanen alle bösen Geister und Einflüsse aus der Stadt und aus den Häusern zu vertreiben. Den guten Göttern, von denen man sich Glück versprach, wurden Opfer dargebracht, um sie mild und großzügig zu stimmen.

Auch heute noch ...

Man sollte diesen teilweise voreiligen Nachruf, der sicher vom Eindruck der *Kulturrevolution* auf dem chinesischen Festland gefärbt war, durch die Feststellung ergänzen, dass auch heute noch an diesem traditionellen Termin der geschäftige Alltag des asiatischen Lebens eine Pause macht, um das „Frühlingsfest“ als Familienfest und Volksfest zu feiern. Auch heute noch (oder wieder) ist in den offiziellen Staatskalendern, wo das Jahr vom Januar bis Dezember verläuft, der traditionelle *Bauernkalender* mit seinen Fest- und Arbeitstagen in kleinen chinesischen Zahlenzeichen unter den jeweiligen arabischen Ziffern notiert (Mitteilung Eva Schestag).

Das Wiederauftauchen traditioneller Bräuche im Lande, ihre Lebendigkeit auf Taiwan und unter den Chinesen der Diaspora sowie das international steigende Interesse daran könnten den Beobachter optimistisch stimmen, wenn er nicht wüsste, dass die führende Schicht des Landes seit jeher Distanz oder gar Ablehnung gegenüber den Volksbräuchen und ihren Repräsentanten gezeigt hat, und dass diese Ablehnung im 20. Jahrhundert auch politisch wirksam geworden ist (Unterrieder, S.63). Einen noch erfolglosen Versuch unternahm die Guomindang-Regierung im Dezember 1928. Sie wollte die Volksreligion modernisieren, sie von „prähistorischen“, „entwerteten“, „animistischen“ oder „kommerzialisierten Kulten“ reinigen und ihre Tempel und Bilder zerstören. In der Anordnung der Provinz Chekiang hieß es damals: „Aberglauben ist ein Hindernis für den Fortschritt. Der Appell an die Autorität von Göttern ist eine Politik, um das Volk dumm zu halten. Mangels Ausbildungsmöglichkeiten hat sich ein tiefer Graben zwischen hochgebildeten und analphabetischen Klassen aufgetan; deshalb konnte sich das Gift des Aberglaubens festsetzen. In der gegenwärtigen Epoche der Wiedergeburt und wissenschaftlichen Erleuchtung macht dieser Aberglauben auch unsere Nation vor anderen lächerlich.“ Beibehalten werden sollten nur die Tempel bedeutender Männer wie Konfuzius oder die von Religionen „auf der Basis von Recht, Wahrheit und Popularität, wie das Christentum“, dessen „Lehren Freiheit, Gleichheit, Brüderlichkeit sind und an welches die Völker Europas und Amerikas glauben“. Außerdem hatte man vor, der Lehre Sun Yat-sens Tempel zu errichten. Als in Hangzhou am 5. Mai 1929 ein Feuersturm die ganze Innenstadt durchfegte und 300 Anwesen, darunter auch die vieler Guomindang-Beamter, in Asche legte, ging das Gerücht um, dies sei die Rache der Götter, besonders des Sternfeuergottes (siehe Abb. 21 und 30). (C. B. Day, S.190f.)

Diese Geschichte mag uns amüsieren, doch die inzwischen eingetretene radikale Modernisierung der chinesischen Gesellschaft kann man gar nicht überschätzen: „Viele der älteren Mythen – an Schönheit und Phantasie jenen des alten Griechenland vergleichbar – sterben jetzt gänzlich aus“, schreiben Bredon und Mitrophanow 1937 in ihrem Buch über das chinesische Mondjahr. „Der Einfluss jener Legenden mag vielleicht bleiben und neue Formen annehmen, denn das chinesische Denken ist zu tief in ihnen verwurzelt, um ganz von ihnen lassen zu können, doch werden wir bald vergeblich nach dem poetischen Gehalt solcher Sagen suchen.“ (Bredon/Mitrophanow, S.12)

Josef Hejzlar würde einer so pessimistischen Einschätzung vielleicht nicht ganz zustimmen. In einem Internet-Kommentar zum Bildarchiv „Beijing“ (Peking) von Jiri Tondl (http://www.tondl.cz/peking_en.htm am 1. 3. 2002, übersetzt) wird er 2002 so zitiert: „Ich bin lange Jahre nicht mehr in Peking gewesen, aber Tondls Fotos riefen mir meine ‚alten Plätze‘ in Erinnerung, trotz der gewaltigen Veränderungen in der Stadt. Manchmal war es nur die unnachahmliche Atmosphäre an den Orten mit ihren tragischen Spuren der Geschichte. Ich war glücklich zu sehen, dass das faszinierende magische Gesicht des alten Peking noch immer lebt. Nichts vom alten Ruhm ist verschwunden. Es unter der neuen Haut zu finden, ist allein eine Frage der künstlerischen Sensibilität.“

Spurensicherung des Verlorenen

China hat ein Jahrhundert der Revolutionen und Kriege hinter sich. Wie steht es um die wissenschaftliche Spurensicherung der dabei verlorenen Traditionen?

Über die im Zusammenhang der *Großen Feste* verwendete Druckgrafik urteilte Jean-Pierre Dubosc 1950: „Die Vorstellung, die man sich von der chinesischen Kunst machte, hat sich seit dem Beginn des 20. Jahrhunderts fortentwickelt. Gelehrte Arbeiten haben die künstlerischen Reichtümer Chinas dargestellt und inventarisiert, und so hat sich eine genau bestimmte Darstellung der Kunst der großen dynastischen Epochen herausgebildet. Jedoch bleibt noch ein wenig erforschtes Gebiet übrig, das besser gekannt zu werden verdiente: das der chinesischen Volkskunst, deren ästhetischer Wert jedoch nicht unterschätzt werden darf.“ (Dubosc Manuskript)

Die Volksrepublik China fördert seit 1983 offiziell mit der Gründung der Chinesischen Gesellschaft für Landessitten eine wissenschaftliche Erforschung der Tradition. (Wang Shucun, S. 13)

Heute stellen wachsende Kenntnisse immer neue Fragen an das Forschungs- und Sammelgebiet *populäre Druckgrafik Chinas* und lassen uns damit erst den Umfang und die Schwierigkeiten einer wissenschaftlichen Erarbeitung ermessen. Im Rahmen dieses Buches müssen wir uns darauf beschränken, Interesse zu wecken, eine Orientierung zu bieten und ein paar Fragen aufzuwerfen. Weiterführende Literaturhinweise finden sich auf den Seiten 46 und 47.

Warum lohnt die Beschäftigung mit traditioneller populärer Druckgrafik Chinas?

Jean-Pierre Dubosc, ein Kenner intellektueller Tuschmalerei, spricht vom ästhetischen Wert der Volkskunst. Joseph Needhams Enzyklopädie der Chinesischen Zivilisation gibt dem Neujahrsbild (Nianhua) einen Platz in der ehrwürdigen Sphäre von Papierherstellung und *Buchdruck* (wie wir in Gutenbergs Deutschland sagen). Der dabei als Attribut verwendete Ausdruck *Popularität* ist überhaupt nicht abwertend gemeint. Und wie in der chinesischen Zivilisation jedes Element

Abb. 31: Arbeit an einem Druckstock. Peking, um 1936

Abb. 32 : Arbeitstisch eines Druckers

Abb. 33: Druckstock eines Götterbildes

Literatur zum Thema

Bauernmalerei aus Huxian. Hg. v. GDCF e.V. für Kunstverein München u.a., München 1979.
Bredon, Juliet; Igor Mitrophanow: Das Mondjahr – chinesische Sitten, Bräuche und Feste. Wien: Paul Zsolnay 1937, 1950.
Burton Day, Clarence: Chinese Peasant Gods. Shanghai, Hongkong, Singapur 1940.
Dittrich, Edith: Glück ohne Ende, Museum für Ostasiatische Kunst der Stadt Köln 1984 *(1984 und 1999 wurden Teile der Sammlung Wiegmann im Museum für Ostasiatische Kunst der Stadt Köln gezeigt).*
Dubosc, Jean-Pierre: Katalogbeitrag zu den Festwochen, Zürich 1950, unsere Übersetzung: Edith Weyel als Manuskript.
Hejzlar, Josef: Alte chinesische Graphik, Prag/Hanau: artia/Dausien 1972.
Minick, Scott and Jiao Ping: Chinese Graphic Design in the Twentieth century. London: Thames and Hudson 1990.
Myrdal, Jan: Bericht aus einem chinesischen Dorf. München: Nymphenburger Vlg. 1966; Frankfurt am Main: Büchergilde Gutenberg 1967.

ein ehrwürdiges Alter besitzt, so gilt das auch für das mindestens tausendjährige *Neujahrsbild*, wie diese Grafiken gern pauschal genannt werden.

Bevor wir darüber ins Schwärmen kommen, holt eine einfache Frage uns auf den Boden zurück: *Was haben solche Feststellungen mit der künstlerischen Qualität uns erreichbarer Drucke zu tun?*

Wer als Tourist in China ein Kloster „aus dem 9. Jahrhundert" besucht hat und einem Bau aus dem 18. Jahrhundert oder gar einem Neubau gegenüber stand – im Reiseführer war das nur kleingedruckt zu lesen –, der weiß, dass ein antiquarischer Blick dem Alltagsbewusstsein der Chinesen nicht entspricht. Nur die idealisierte Vergangenheit wie etwa die mythologische Frühzeit ist wertvoller als die Gegenwart. Und bei Papierbildern, die ungeschützt draußen Wind und Wetter, drinnen dem Ruß des Herdes ausgesetzt sind, steht ohnehin außer Frage, dass neue, frische Drucke den vergilbten vorzuziehen sind. Zudem wirkt das Neue – die Mode – auch in China auf die Menschen. Und wo eine große Auswahl angeboten wird, kann jeder nach seiner Facon glücklich werden. Weitere Fragen schließen sich an:

Sind Blätter höheren Alters authentischer? Garantiert eine Vorkriegssammlung wie die Sammlung Wiegmann einen durchgängig höheren Qualitätsstandard als Nachdrucke aus der Volksrepublik China? Gibt es auf diesem Gebiet überhaupt Qualitätsmaßstäbe oder ist erlaubt, was gefällt?

Häufig wird auch eine „Missachtung" der Volkskunst im Zusammenhang mit Neujahrsbildern beklagt – ist dieser Blickwinkel berechtigt, ist er sinnvoll?

Traditionell wurden die Druckstöcke einfacher Opfer- und Kultbilder bis zur Unkenntlichkeit abgedruckt und oft ungeschickt nachgeschnitten. Auch nicht jede Kolorierung kann als gelungen bezeichnet werden. In einer sozial zerklüfteten Gesellschaft fand sich noch für jeden Fehldruck ein bescheidener Käufer. Kenner aber suchten und fanden die außergewöhnliche Qualität einer Werkstatt oder eines Künstlers – so wie wir auch – auf Flohmärkten oder in Galerien, so wie sie es bei Kunstgegenständen und Bildrollen zu tun pflegten.

Der traditionelle Maßstab

Schauen wir, was die chinesische handwerkliche Tradition an Qualitätsmerkmalen kennt. Tsien Tsuen-Hsuin beschreibt 1985 eindrücklich die Entstehung eines traditionellen chinesischen Farbdrucks (Abb. 32): „Ein Set von Druckblöcken, die auf dem Drucktisch genau positioniert sind, wird in festgelegter Reihenfolge abgedruckt. Ihre Zahl kann mehrere Dutzend erreichen, je nach der Vielfalt der Farben und Abtönungen. Kunstreproduktionen werden mit derselben Art von Tinte, Farbe und Papier wie das Original hergestellt. Der Exaktheit der Holzdrucke können bis zu einem gewissen Grad nicht einmal moderne fotomechanische Prozesse gleichkommen, da deren Liniennetz das exakte Muster und den

Geist des originalen Pinselstrichs nicht ausdrücken. Der Reichtum an Übergängen und Tönen wird nicht erreicht, und die auf Öl basierende Tinte kann nicht den Effekt der Wasserfarben des Originals wiedergeben. Der Farbdruck verlangt große Geschicklichkeit und Sachkenntnis, um die zahlreichen Schritte vom Entwurf über den Schnitt, das genaue Montieren und Drucken zu meistern. (...) Beim Einfärben darf keine Farbe über die vorgesehenen Grenzen hinaus fließen. Ein Blatt Papier wird auf den eingefärbten Block gelegt und sanft gebürstet. Auf verschiedene Partien des Blocks wird unterschiedlicher Druck angewandt. Manchmal muss man das Trocknen einer bestimmten Farbe erst abwarten, bevor man die nächsten aufdrucken darf, und manchmal muss man sie auf die noch feuchte Farbe drucken. Gradation wird erreicht durch wiederholtes Einfärben mit derselben Farbplatte, wobei man die Farben an der gewünschten Stelle konzentriert oder auch wegwischt." Tsien zitiert schließlich zustimmend den Typographen Tchichold mit dem Satz: „Kaum eine andere grafische Kunst auf der Welt ist so abhängig von dem künstlerischen Verständnis des Druckers wie der chinesische Farbdruck." (Needham S.277f., Übersetzung DvG)

Diese Erwartung an die Drucker verlangt gründliche Kenntnis der Prinzipien und Elemente der chinesischen Malerei und die vollkommene Beherrschung ihrer Techniken. Kurz: Dem erfahrenen Drucker gelang die überzeugende Nachschöpfung. Wenn er nach solchen Kopien aus der Welt des Tuschbildes Neujahrsbilder für den gehobenen Bedarf produzierte, hatte er diese Maßstäbe im Kopf.

Wenn z.B. ein repräsentatives Götterbild wie die „Das Qilin möge Söhne bringen" (Abb. 17) auf einen Wandschirm montiert die Wohnung eines frisch verheirateten Paares schmückte, musste es schließlich den ästhetischen Ansprüchen der Familie genügen. Im Museum für Angewandte Kunst in Frankfurt am Main war 1999 aus dem Ostasiatischen Museum in Berlin ein „temperamentvoll getuschter Dämonenfänger" von Gao Qipei (1660-1734) zu sehen, welcher Neujahrsbildern gleichen Typs Modell gestanden haben könnte (Abb. 34) und einen Maßstab repräsentiert, an dem sich mehr oder weniger auch Neujahrsbilder messen lassen mussten (Orchideen und Felsen ..., S. 335).

Der Höhepunkt der Perfektion des Farbdrucks wurde im 17. Jahrhundert erreicht. Damals wurden die Orte Suzhou im Südosten Chinas und Yangliuqing bei Peking zu berühmten und einflussreichen Zentren der Neujahrsbildherstellung. Wir müssen uns Werkstätten mit mehreren hundert Holzschneidern und Druckern vorstellen, die im Jahr eine Auflage von über einer Million kolorierten Drucken herstellten.

Abb. 34: Dämonenfänger von Gao Qipei (1660-1734). (vgl. Umschlag, S. 3 sowie Abb. 56 und 57)

Nachbaur, Albert Wang Ngenjoung: Les Images populaires chinoises. Peking 1926,
Needham, Joseph (ed.): Science and Civilization in China. Vol. 5 part 1: Tsien Tsuen-Hsuin: Paper and Printing. Cambridge 1985, pp. 287ff. *Popularity of New Year Pictures.*
Orchideen und Felsen. Chinesische Bilder im Museum für Ostasiatische Kunst in Berlin. Berlin o.J.
Pommerantz-Liedtke, Gerhard: Chinesische Neujahrsbilder. Dresden: Verlag der Kunst 1961
Prunner, Gernot: Papiergötter aus China. Wegweiser zur Völkerkunde Heft 14, Hamburger Museum für Völkerkunde, Hamburg 1973.
Qing, Yang Liu: Woodcut New Year Pictures. Beijing 1984.
Rudowa, Maria: Chinesische Neujahrsbilder. Wassili Alexejew (1881-1951) gewidmet. Leningrad: Aurora Kunstverlag 1988.
Shucun, Wang: Papiergötzen – Götterverehrung durch volkstümliche Drucke. Beijing: Verlag Neue Welt 1991.
Spence, Jonathan D. und Annping Chin: Das Jahrhundert Chinas (deutsche Ausgabe). München: C.Bertelsmann 1996 *(Fotodokumentation).*
Unterrieder, Else: Glück ein ganzes Mondjahr lang – Chinesische Neujahrsbilder und ihre Bedeutung. Klagenfurt 1984 (Berichte des Ludwig Boltzmann-Instituts Nr. 20).

Yangliuqing und die Nördliche Schule

Yangliuqing repräsentierte die *Nördliche Schule*, die im Stil und im Sujet von den Hofmalern profitierte und ihrerseits „der Palastmalerei frisches Blut zuführte" (Unterrieder, S. 59), und berühmt war für ihre Götterbilder, Frauen und Kinder, ihre Bühnenszenen und historischen Romanzen (vgl. Abb. 6, 9, 10 und 17). Der Schneidestil kultivierte die feine schwarze Linie und die Kolorierung bot dekorative starke Farben. (Needham, S. 291) Aufwendig war die Bemalung der Gesichter.

„In die besonders zarten Konturen, welche der Holzschnitt vorgegeben hat, wird zunächst weiße Farbe gemalt – das Gesicht wird *gepudert*. Nun folgt wieder eine ganz dünne *Puderschicht* , um eine gleichmäßige harmonische Tönung zu erzielen. Anschließend wird das Gesicht *geöffnet*, d. h. die *fünf Öffnungen* Augen, Nase und Mund werden aufgemalt. Zuletzt folgen, mit ganz feinem Pinselstrich, Augenbrauen, Haar und Bart. Diese feine Arbeit wurde von den Frauen der Umgebung verrichtet (...) Man erzählt sich viele Geschichten von Bildern aus Yangliuqing, die plötzlich lebendig geworden seien." (Unterrieder, S. 61f.)

J. Hejzlar (S. 58f.) ergänzt: „Auch große Flächen wurden mit Farbe bestrichen, und häufiger als anderswo erhielten die Farbflächen Abstufungen. Die satten, kräftigen ungebrochenen Farben standen oft in scharfem Kontrast zueinander; der häufigste Farbakkord bestand aus Rot, Blau und Grün. In Yangliuqing wurden Ende der Qing-Zeit auch importierte künstliche Farben verwendet, wobei die dortigen Drucker die schreienden und intensiven Farben geschickt für ihre symbolisierenden und dekorativen Ziele und auch für die Technik der Massenkolorierung mit Durchsickern der Farbe durch einen ganzen Block dünner Andrucke auszunutzen verstanden."

Hundert revolutionäre Jahre

Alle Autoren verweisen übereinstimmend auf einen wirtschaftlichen und künstlerischen

Abb. 35: Das Kinder bringende Einhorn „Qilin". Farbholzschnitt, Werkstatt Tian Yi, Kaifeng, Henan. Südlicher Stil

Niedergang bereits in der zweiten Hälfte des 19. Jahrhunderts, das bekanntlich von verlorenen Kriegen, einem Vordringen europäischer Kolonialmächte, Revolution und Anfängen der Modernisierung gezeichnet war. Hejzlar demonstriert jedoch seine Bereitschaft, mit der Zeit und dem Zeitgeschmack zu gehen und ästhetische Qualitäten neu wahrzunehmen. Diese Wahrnehmung gehört dann wohl auch in eine umgepolte ästhetische Welt, die etwa als *Exotismus* oder *Primitivismus* kunsthistorisch etikettiert werden kann. Die Inspiration, ja Erneuerung der westlichen Kunst durch die *Kunst der Primitiven* ist spätestens seit William Rubins Ausstellung 1984 im Museum of Modern Art kein kontroverses Thema mehr. Weniger bekannt ist das Interesse der Russischen Avantgarde an der Volkskunst, und in diesem Geist hat wiederum der Sinologe W. M. Alexejew zwischen 1906 und 1926 in China „eine der größten Nianhua-Sammlungen der Welt" für die Leningrader Eremitage zusammengetragen. (Rudowa, S. 12)

Die Auseinandersetzung der Künstler der ersten Hälfte des Jahrhunderts kann unser Auge schärfen und den Blick weiten. Unangemessen scheint mir nur eine andere Art des Umgangs mit dem künstlerischen Epochenwandel in China zu sein: das Ignorieren oder das Verleugnen von Brüchen und Zusammenbrüchen und der Verzicht auf Maßstäbe.

Es gab eine chinesische Moderne in Shanghai und Kanton. Europa und Japan waren die Lehrmeister. Die Ergebnisse sind frisch, frech, urban. Scott Minick and Jiao Ping belegen einen lange verschütteten künstlerischen Reichtum, der nicht mit den oft zitierten Werbekalendern oder lithografierten Postern verwechselt werden darf, aber auch nicht mit dem Hinweis auf den „Revolutionären Holzschnitt“ im Stil einer Käthe Kollwitz erledigt ist.

Wie die Kunst in Deutschland 1933 eine Katastrophe erlitten hat, gilt das umso viel mehr für die städtischen Zentren auf dem chinesischen Festland. Denn lange über den Zweiten Weltkrieg hinaus wurde dort die Kunst einer Art Kriegsrecht unterworfen, das der Propaganda oberste Priorität gab. *Dem Volke dienen* wurde – in Yanan seit 1942 – zum Totschlagargument sowohl gegen traditionelle wie moderne künstlerische Ansätze, die sich nicht auf *populäre* Kompromisse verstehen wollten.

Die *Volkskunst*, bereits zur Jahrhundertwende auf dem Rückzug, war ohne Zweifel 1949 am Boden zerstört und die Kommunistische Partei half den überlebenden Meistern auf, doch nur um den Preis der inhaltlichen Verleugnung und des formalen Kompromisses im Sinne einer verwestlichten Tradition bzw. einer aus der Sowjetunion übernommenen konventionellen Moderne (Abb. 38).

Ein Produktionszentrum wie Yangliuqing wurde wegen seines Namens und primär für den Export wiederbelebt. (Unterrieder, S. 63) Die Durchsicht dort entstandener Publikationen nach 1949 bestätigt die geringere Qualität der Kolorierung, gemessen an den oben zitierten Maßstäben wie im direkten Vergleich (siehe Abb. 36 gegen Abb. 44, Klappseite, und Abb. 37 gegen Abb. 9, Klappseite).

Zudem erstaunt die Inhaltslosigkeit der Erläuterungen noch in einer Publikation von 1984. Da wird beispielsweise *The Cock crows* (Yangliuqing 1984, Abb. 19) so erläutert: „Chinese laboring people are seen here getting up early as the cock crows. They thus

Abb. 36 (oben): Der Hahnenschrei (vgl. Abb. 44)

Abb. 37 (unten): Der Ruf des Hahns (vgl. Abb. 9)

begin the day’s work. The picture reflects the industriousness of the Chinese people. It also expresses the passionate fervor for life of the painter himself (in the collection of the Tianjin Museum of History).“ („Werktätige Chinesen sind hier zu sehen, wie sie mit dem Hahnenschrei aufstehen. So beginnen sie ihr

Tagewerk. Das Bild spiegelt den Fleiss des chinesischen Volkes. Es drückt auch die leidenschaftliche Liebe des Malers selber zum Leben aus . . .“)

Abb. 38: Familienrat 1951. Mao an der Stelle des Hausaltares über dem Ofenbett. Ein trotz der gleichförmigen Einfärbung noch sehr „chinesisches“, weil nicht naturalistisch gezeichnetes Beispiel aus einer als Mappe veröffentlichten Serie

Abb. 39 (rechte Seite): 1984 ist diese doppelt anachronistische Darstellung eines verweltlichten Götterhimmel datiert: „Der Frühling erfüllt die große Erde“. Versammelt sind die damals bereits verblichenen Größen der Kommunistischen Partei. Hinter Mao (gest. 1976) und Zhou Enlai (gest. 1976) auch der in der „Kulturrevolution“ entmachtete und 1973 umgekommene ehemalige Staatspräsident Liu Zhaoqi.

Große Proletarische Kulturrevolution 1966-1976

Während der *Kulturrevolution* war Yangliuqing über Jahre geschlossen. Man sei in Diskussion und Umgestaltung, wurde mir 1973 im Land der Wunsch nach Kontaktaufnahme abgeschlagen. Else Unterrieder hat genauere Informationen : „Der Bannstrahl der Kulturrevolution traf alle alten Motive von Yangliuqing. Die prächtigen Darstellungen von Opernszenen mußten Posters mit Szenenfotos von Revolutionsstücken weichen. Nur hier und da gab es Lebenszeichen aus den Studios von Yangliuqing, wie etwa die Darstellung von Pionieren für den Vater eines Soldaten, die sogar als Plakat in großer Auflage herausgekommen ist.“ (Unterrieder, S. 63)

Stattdessen wurde unter den Freunden in aller Welt die revolutionäre Malerei eines ganzen Landkreises propagiert, die sich dem „Großen Sprung nach vorn“ von 1958 verdankte: die *Bauernmalerei von Huxien*. Der deutsche Ausstellungskatalog von 1979 zitiert die Malerin Dong Zhengyi des auf seine Art gelungenen Posters *Der Fischteich der Volkskommune* (Abb. 26): „Lange habe ich mir gewünscht, meinen Pinsel zu benutzen, um meine tiefe Zuneigung zur Volkskommune auszudrücken. Eines Tages im März 1973 sah ich in der Volkskommune Yu Zhan Fische in einem kürzlich vergrößerten Fischteich springen. Ihre Schuppen glitzerten in der Sonne (...) Ich sah sie an und spielte mit einer Idee (...) Eine alles umfassende Entwicklung der Landwirtschaft (...) fand in der Volkskommune statt. In diesen guten Tagen brachte uns tatsächlich jeder Schritt zu einem neuen Himmel.“ (Bauernmalerei ..., S. 32)

Die Jahre der Reformpolitik

Auf dem flachen Land wurden seither die Ergebnisse der Zwangskollektivierung – zum Teil auf Druck der Bauern selbst – revidiert, was ich 1988 sogar in Jan Myrdals berühmtem Dorf „Liu Ling“ bei Yanan feststellen konnte. Auf den wenigen konventionell gemalten Postern, die zu erwerben waren, trat der traditionelle synkretistische Götterhimmel an die Stelle des „Götterhimmels“ der Kommunistischen Partei (Abb. 39). Doch war der Trend zum westlichen Fotoplakat unübersehbar.

Wie aus dem Nichts brach die ungebrochene Kraft der chinesischen Volkskunst wieder hervor, und zwar in zwei Publikationen des Pekinger Verlags *Neue Welt*. 1990 präsentierte Lu Pu *Chinesisches Spielzeug* (im Medium schlichtester bemalter Lehm-Teigfiguren) und 1991 Wang Shucun *Papiergötzen*, ein Buch voll vitaler Beispiele, freilich oft aus abgelegenen Gegenden und ohne Angaben zum Entstehungsdatum. Sein Leben hat Wang, Jahrgang 1923, während der *Kulturrevolution* für diese Sammlung riskiert. Heute leitet er in Peking ein einschlägiges Forschungsinstitut und – wenn man Internetseiten glauben darf – empfängt er amerikanische Studenten.

春 满 大 地

Das chinesische Neujahrsbild im 21. Jahrhundert?

Die chinesische Bevölkerung ist sehr jung, von einem breiten Interesse an Traditionen ist mir nichts bekannt.

Der Rockmusiker Cui Jian gibt eine andere Parole aus: „Halbnackt stürze ich ins Schneegestöber. / Ich bin auf der Flucht aus dem Krankenhaus. / Haltet mich nicht auf, ich will auch keine Kleider. / Meine einzige Krankheit ist, dass meine Haut nichts fühlt. / Gebt mir endlich Fleisch, gebt mir endlich Blut, / Lasst mich endlich ausflippen im Schneegestöber."
(nach : Frei und cool gegen die ganze Welt. In: Frankfurter Allgemeine Zeitung, 18. 9. 1993)

Von Zeit zu Zeit begegnen uns traditionelle Götterbilder in der aktuellen Kunst, als Versatzstücke einer Montage, die damit *Tradition* zitiert. Der Schutz der Türen scheint wie schon vor tausend Jahren wieder mehr den *Zeichen des Glücks* und der Kalligrafie anvertraut zu werden statt bunten Bildern, dies dann aber auch in den Chinatowns rund um die Welt. *Niedergang* oder Verwandlung der populären Druckgrafik?

Die Menschen brauchen Bilder vom Glück, und sie brauchen immer neue.

Abb. 40: Figuren für die Tourismuswerbung, 1988

Wolfgang Bauer: Paradiese, Utopien, Idealvorstellungen

Jedes Glück, das eines einzelnen Menschen ebenso wie das einer Gemeinschaft, eines Volkes, ist im Grunde unbeschreibbar. Es ist unsichtbar wie die Luft, die wir atmen und doch erst in der Entfernung wahrnehmen, wo sie ihre Farbe gewinnt. Um ein getreues Bild vom Glück zu zeichnen, erscheint es immer entweder so nahe, daß es die Augen blendet, oder, öfter noch, in so weite Ferne gerückt, daß es nur noch schwache, schattenhafte Umrisse erkennen läßt. So gibt es denn in allen Kulturen viele Schilderungen von den Elendsstätten dieser und von den Höllen anderer Welten, erschreckend gegenwärtig und drohend in ihrer greifbaren Grausamkeit, fast vertraut in all ihrer Qual – von den Paradiesen aber sind mit gleicher Klarheit nur die Pforten beschrieben worden, die sie versperren. Alle Paradiese sind verlorene Paradiese, die in ferner Vergangenheit, in ferner Zukunft liegen, oder in einem anderen Land, auf einem anderen Stern, in einem anderen Himmel. (...)
Eine ganz wesentliche Trennungslinie bei der Suche nach dem Glück ist schon mit der Frage gegeben, ob man das Glück des einzelnen oder das der Gesellschaft in erster Linie anstrebt. Sie überkreuzt sich mit der anderen, ebenso wichtigen, ob nämlich das Glück in einem Jenseits oder hier auf Erden erhofft wird. Beide Fragen sind so eng miteinander verbunden, daß sie zwar beide in den verschiedensten Facetten und Mischungsverhältnissen erscheinen, aber immer nur gleichzeitig beantwortet werden können. Im Streben nach dem Glück des einzelnen äußerst sich stets ein gewisser pessimistischer Zug. Die reine Verachtung der Gesellschaft kann darin eingeschlossen sein, die den Menschen als Mittel zur Verwirklichung der eigenen, egoistischen Ziele betrachtet und sich in kaltem Machtstreben kundtut; gemildert gelegentlich nur durch die Ansicht, daß die geforderte geistige Identifikation der vielen Überwundenen mit der Pracht und Herrlichkeit des Überwinders auch die Masse an dem Glück des einen an der Spitze teilhaben lasse. Viel öfter freilich

als in dieser Selbsterfüllung der „Starken", tritt der Pessimismus in der resignierten Weltbetrachtung der „Schwachen" zutage, die der Gesellschaft den Rücken kehren und ihr Glück in anderen Sphären suchen. Welche Züge diese eskapistischen Neigungen annehmen, ist recht unterschiedlich und nicht zuletzt ebenso abhängig von der Struktur der Gesellschaft, gegen die sie sich wenden, wie von der Intensität, mit der die Gesellschaft die bewohnbare Welt beherrscht. Das Urbild ist das des Einsiedlers, der den Lärm der Städte verläßt und in die Wildnis der Berge und Wüsten flieht, um dort ins Kindheitsstadium der Menschheit zurückzutauchen und wieder zu einem Stück der Natur zu werden, das sich nicht mehr der Welt gegenüber als etwas Fremdes empfindet. Wenn aber der Radius der Zivilisation wächst, wenn seine Grenzen gar mit denen der Welt überhaupt zusammenfallen und auch keine Inseln der Wildnis mehr übriglassen, werden die Einsiedler in die Flucht nach innen getrieben. (...) Das Gefühl einer jauchzenden Selbstentäußerung und doch auch eines Aufgefangenwerdens von einem größeren Ich, das Gefühl der Befreiung vom Selbst, wenn die Wände des eigenen Ich dahinzuschmelzen beginnen, ist von vielen Mystikern beschrieben worden, es steht nicht minder in den Gesichtern der Anhänger großer religiös gestimmter Massenbewegungen geschrieben. Das Glück des einzelnen und das der Masse können hier also sehr wohl ineinander übergehen. (S. 9-11)
Der Mensch, ohne Flügel geboren, scheint für den Himmel nicht geschaffen. Nicht die Menschen in den Himmel zu heben betrachteten deshalb andere Glückssucher als die rechte Art, Seligkeit zu erlangen, da dies doch nur einigen, und auch ihnen nur für eine Weile zu gelingen schien, sondern umgekehrt: den Himmel herabzuholen auf die Erde. Die Menschen, die diesen Gedanken faßten, waren stets von einem anderen Schlag als die, die der Welt entflohen: Ihr Bild von Kultur und Gesellschaft ist optimistisch, sie glauben oder hoffen jedenfalls auf eine Besserung alles Schlechten, auf eine Linderung allen Leids, selbst wenn sie, wie jene, einen ständigen, immer ärger werdenden Verfall der Welt als die Ursache allen Übels ansehen. Freilich gibt es auch bei ihnen noch wesentliche Unterschiede in der Auffassung, eine mehr duldende und eine mehr tätige: Die einen glauben, daß sich der Himmel einst mit all seinem Glück gnädig über die Erde senken werde; sie „warten". Die anderen haben die Zuversicht, daß sie selbst das Steuer herumreißen und dem Lauf der Entwicklung eine andere Richtung geben könnten; sie gehen nicht auf Wolken, sondern stehen breitbeinig auf der Erde, bereit, das Glück dem Himmel abzutrotzen. (S. 12)

Wolfgang Bauer: China und die Hoffnung auf Glück. Paradiese, Utopien, Idealvorstellungen. München: Hanser 1971 (Vorwort)

Glück in zwei Welten. Annäherung an den Künstler und Sammler Fritz Wiegmann

Detlev von Graeve

Einen Text über den Sammler Fritz Wiegmann schreiben? In individualistischen Zeiten muss man das schon rechtfertigen. Wir sind umgeben von selbstbewussten, selbstbezogenen und bedeutenden Menschen. Jeder von uns kennt eine Menge bemerkenswerter Individuen. Das tägliche Feuilleton spült sie durch unser Bewusstsein. *Wiegmann aber ist einer wie wir:* Er war Künstler (kein großer), ein Lehrer (kein überregional bekannter), er war engagiert (nicht übermäßig), er war Kritiker (im privaten Kreis), und er war als Kulturkonsument ein Kenner.

Warum Glück?

Wiegmann hatte mehrfach Glück: das Glück der Begabung, das der Neugier und des Humors. In finsteren Zeiten ging es für ihn immer gut aus. Auch Rückschläge waren zu etwas gut. Was ihm wichtig war, ist ihm gelungen – das behaupte ich einfach. Ich bin entschlossen, ihn nicht als Opfer von irgendwas oder irgendwem darzustellen. Denn zu klagen war nicht seine Art.

Warum die Mühe einer Annäherung?

Für mich als jüngstem seiner Schüler war die Freundschaft intensiv, aber zu kurz, gerade mal vier Jahre. Wir sprachen viel, aber ein Tonband hatte ich nicht parat. Wiegmann war diskret; er erzählte gern und lebendig, aber hinterließ so gut wie keine Papiere. So muss ein über dreißig Jahre gewachsenes Verständnis die Brücke schlagen. Wiegmann fände das in Ordnung. Er formuliert nach dem Krieg: „Meine Eindrücke aus China sind in den dazwischenliegenden Jahren nicht schwächer geworden, und oft habe ich gefunden, dass auch scheinbar flüchtige Eindrücke und Bilder erst später ihre Bedeutung und ihren Wert enthüllen.“[1]

Von Pommern nach Berlin: 1902-1933

Fritz Wiegmann wird am 1.3.1902 in Köslin, Pommern geboren. Sein Selbstbildnis unter der Kirche (Abb. 42) ist undatiert, doch der Junge verlässt bereits mit 16 Jahren das Elternhaus. „Auf eigene Verantwortung“ lässt ihn der Vater ziehen. In Berlin lässt er sich zum Zeichenlehrer und Maler ausbilden. Das Examen absolviert er mit 20, noch vor dem Mindestalter für den Schuldienst.

Bei wem lernt er? Der Katalog seines gleichaltrigen Kollegen Rudolf Ausleger[2]

Abb. 42: Fritz Wiegmann, Selbstbildnis (undatiert)

Abb. 41 (linke Seite): Fritz Wiegmann, Stilleben, nach 1936

spricht von einer „Novembergruppe“, in der die Jüngeren sich vom „expressiven Ausdruckswillen“ der Gründer Georg Tappert, Otto Möller, Max Pechstein und Cesar Klein abwenden und als ihre Vorbilder Georges Braque, Juan Gris und den Pablo Picasso der „synthetisch-kubistischen Periode“ wählen und damit das Programm einer „theoretisch begründeten Verfestigung der Form“, die sie „gewissermaßen tendenzfrei verwenden“ wollen. Ein typisches Bild dieser „Schule“ ist Rudolf Auslegers „Fritz am Spiegel“, 1928 (Abb. 43).[3] Zugleich ist es eine gelungene Karikatur des stets korrekt gekleideten Fritz. Ausleger muss Wiegmann häufig im Unterricht vertreten, weil er „fast nie“ da ist. Ist das etwa der Grund der kritischen „Tendenz“?

„Form“ als Methode ja, doch „Verfestigung“ und „tendenzfrei“ – nein, diese Zäune können Wiegmann nicht halten. Er verehrt

1 Handschriftliche Vortragsnotiz, Hof a. d. Saale undatiert (vor 1950).
2 Rudolf Ausleger. Kunstamt Wedding. Berlin/W. 1974.
3 Wie Anm. 2.

Abb. 43: Rudolf Ausleger, Fritz am Spiegel, 1928

Abb. 44 (Klappseite rechts): Der Hahnenschrei (vgl. S. 26). Großformatiger Holzschnitt (60x106 cm), freie Übermalung. Signiert: „Dai Linzeng", Yangliuqing. Winterlandschaft mit blühenden Bäumen, im Vordergrund eine Getreidemühle. An den Holzgittern der fest verschlossenen Häuser hängen viereckige rote Plakate mit Schriftzeichen glücksverheißender Bedeutung (darunter „fu"). Ein Wimpel deutet ein Weinhaus an, auf dem Dach ist ein Hahn „gongji", dessen Bezeichnung homophon mit Glück „ji" Gutes für das neue Jahr verheißt. Sein Krähen „ming" verheißt Verdienste und Ruhm „gong-ming". Die Verwendung von Zentralperspektive deutet an, dass der Künstler westliche Malerei kannte, dieses Bild also nicht vor dem späten 19. Jahrhundert entstanden ist.

und genießt auch die grelle Farbpalette, die schweren Parfüms von George Grosz und Otto Dix und Zilles „Milljöh“. Er respektiert die „realistische“ Porträtkunst eines Max Liebermann und dessen tiefsinnige verbale Brutalität: „Das Bild wird mir nicht gerecht!“ – „Gnädige Frau, Sie brauchen nicht Gerechtigkeit, Sie brauchen Gnade.“

Karl Kraus, Heinrich Mann, Kurt Tucholsky, Bert Brecht und Walther Mehring („der sich Pipidada nannte“) sprechen ihm aus dem Herzen. Und das schlägt „links“, doch wiederum nicht im Takt einer „Partei“ und eines Programms. Mehrings „Ketzerbrevier“ begleitet ihn als Glaubensbekenntnis bis in die Bonner Republik. 1970 wird er mir seine Version aus dem Gedächtnis aufschreiben:

Das Kyrie

Kyrie Eleison
Alle die dich loben
Die uns ketten an das Droben
Mit Gelübden und Geboten
In den Krypten der Zeloten
Von der Qual
Und allem Jammer
In Spital und Folterkammer
Alle die dich loben
Gott, blutverwoben
Und bigott
Herr, befreie uns davon
Kyrie eleison.

Kyrie eleison
Von Gewalten die dich nennen
Dich bekennen, dich entstalten
Von dem Meineid ihrer Rechte
Der Gemeinheit ihrer Knechte
Von der Treue die sie einigt
Ihrer Reue die uns peinigt
Von dem Gottesgnadentum
Das dich anpreist sich zum Ruhm
Herr, befreie uns davon
Kyrie eleison.

Kyrie eleison
Von dem Kult der dich vergottet
Aller Schuld und Unschuld spottet
Von Gebräuchen die verderben
Von den Seuchen die wir erben
Von der Drachensaat der Rassen
Von dem Klassenstaat der Massen
Rotte Korahs, dem Komplott
Das schwört: so helf euch Gott
Herr, befreie uns davon
Kyrie eleison

Kyrie eleison
Vom Betrug der Diplomaten
Von dem Unfug der Soldaten
Von dem Handwerk des Befehlens
Teufelsschandwerk alles Elends
Vom Erlösen, vom Verbannen
Vom Tyrannenblick des Bösen
Von der Unterwürfigkeit
Demut, die zum Himmel schreit
Kyrie eleison.

鷄鳴富貴

戴廉增

Abb. 45: Sommerpalast. Großformatiger Holzschnitt (60 x 106 cm), freie Übermalung. Signiert „Dai Linzeng“, Yangliuqing

Sein Verständnis von der *Aufgabe der Kunst* wird Wiegmann um 1950 in seinem Vortragstext über China „engagiert“ zusammenfassen: „Die Kunst muss als eine Satire, als eine Warnung über unserem gelähmten Gefühlsleben, unserem wirklichkeitsfernen Denken und unserer naturfernen Lebenshaltung stehen. Sie muss uns in einer schiefgelagerten Welt Gradheit lehren, muss unserem Dasein wieder zu Vernunft und Gesundheit verhelfen und uns aus dem Fieber, dem Delirium des allzu angestrengten geistigen Betriebs herausreißen. Sie muss unsere Sinne schärfen, das Band wieder anknüpfen zwischen unserer Vernunft und unserer Menschennatur, und die in Trümmern liegenden Einzelteile eines atomisierten Lebens wieder zum Ganzen verbinden. Wie elend ist eine Welt, in der die Menschen Wissen ohne Verständnis haben, Kritik ohne Wertgefühl, Schönheit ohne Liebe, Wahrheit ohne Leidenschaft, Rechtschaffenheit ohne Erbarmen, Lebensart ohne Herzenswärme.“[4]

1928 beteiligt er sich an der Ersten Hygiene-Ausstellung Berlin. Die wenigen erhaltenen kleinen Fotos zeigen den damals gängigen avantgardistischen Plakatstil. Ihr Thema ist die psychische Gesundheit, die im „Getriebe der Großstadt“ bedroht ist: „Gebt den Werktätigen Geld, Zeit, Licht, Luft, Raum!“ Weitere Unterthemen sind „Aberglauben“, „Rauschgift“ und „Sport“. „Traum“ kommt über die Planung nicht hinaus. Wiegmann selber interessiert daran, ob es abstrakte Träume gebe. Mit Schulkindern unternimmt er kunstpsychologische Versuche mit kontrastierenden Lasurfarben. Daran interessiert ihn der „verstärkende Effekt beim Überlegen“, der seit der Renaissance bekannt sein soll. Walter Benjamin schreibt eine Rezension in der „Literarischen Welt“. Wiegmann kennt Benjamin über dessen Schwester Dora. Er hebt den „weiten Umfang“ von Benjamins Persönlichkeit hervor und nennt mir die „Liebe zur Marschmusik“ als Beispiel. Wiegmann fremd ist natürlich auch „das ständig benutzte Notizbuch, in kleinster Schrift beschrieben“. Sie wollen zusammen ein Kinderbuch machen, aber es kommt nicht mehr dazu. Am 31. Januar 1933 geht die Angst um in der Linken. Ist sich jeder der Nächste?

Von Berlin über Mallorca nach Peking 1933-37

Galeriekontakte nach Köln, Amsterdam und Paris (Eric Wolters) öffnen Wiegmann den unauffälligen Ausgang aus dem „3. Reich“ – „Exil“ will er es lieber nicht nennen. Er stößt auf Mallorca zur bunten Emigrantengemeinde im noch republikanischen Spanien. Albert Vigoleis Thelen schreibt 1952 darüber einen „Schelmenroman“, den Wiegmann mir dringend empfohlen hat, den ich aber erst jetzt lese. Sein Titel ist „Die Insel des zweiten Gesichts“, denn „jeder auf der Insel hatte ein eigenes zweites Gesicht“. Welche soziale Maske trägt Wiegmann wohl auf diesem Foto von 1936 (Abb. 46)? So wie Thelen ist Wiegmann ein mittelloser, illusionsloser und damit das Treiben ironisch betrachtender Außenseiter. Den deutschen „Agenten Baron Bär“ aus diesem Roman habe ich mir als eine der doppelbödigen Gestalten gemerkt. Auch dem von Thelen karikierten Konsul Hitlerdeutschlands muss Wiegmann begegnet sein.[5]

Er scheint jedoch genau zur rechten Zeit den jungen französischen Diplomaten J. P. Dubosc zu treffen, spätestens im Juni 1936. Denn Francos Staatsstreich verwandelt die Insel bereits in der ersten Nacht in ein blutiges Krisengebiet, aus dem die Fremden in Panik zu flüchten versuchen. Die Deutschen werden direkt zurück „ins Reich“ expediert. Dubosc ist seit 1931 Kulturattaché am französischen Konsulat in Peking (damals: Peiping) und offensichtlich – wie bereits A. Malraux in Kambodscha – auf Einkaufstour für das Musée Guimet in Paris.

Abb. 46: Fritz Wiegmann auf Mallorca, um 1936

Wiegmann reist auf einem weißen Ozeandampfer durch den Suezkanal und den Indischen Ozean nach China. Das Land ist in Unruhe; Japan hat längst die Mandschurei als Marionetten-Reich unter Puyi abgespalten und bereitet den totalen Krieg gegen China vor. Davon erzählt Wiegmann nichts. Peking ist nicht die Kolonialstadt Shanghai, deren Elend als erstes Ziel japanischer Angriffe Egon Erwin Kisch bereits 1932 in „China

4 Wie Anm. 1.
5 Albert Vigoleis Thelen: Die Insel des Zweiten Gesichts. Neuausg. Düsseldorf: Claassen Verl. 1981, S. 880f., 902f.

Abb. 47: Fritz Wiegmann, Porträtfoto eines Kinderdarstellers aus der Pekingoper, 1936

Abb. 48: Fritz Wiegmann, eine Figur aus der Pekingoper „Unruhe im Himmels palast" – Der „Affenkönig" (Sun Wu Kung) verspeist genüsslich die „Pfirsiche der Unsterblichkeit", 1936

geheim“ geschildert hat. Noch ein Jahr nach Wiegmanns Weggang ist Peking nicht wirklich vom Krieg berührt.

Lin Yutang repräsentiert mit „Mein Land und mein Volk“ (1935 auf Deutsch erschienen und später von Wiegmann sehr geschätzt) überzeugend Wiegmanns Erfahrungen im Lande. Im Kapitel über den Humor[6] steht beispielsweise, er finde sich nicht in der klassischen Literatur, eher schon in Romanen und Opern, auf jeden Fall aber „als burleske Einstellung dem menschlichen Leben gegenüber“: Dieses „ungewöhnlich realistische Volk“ zeige „seit jeher die Neigung, dem Bösen mit Duldung zu begegnen“, zu lachen, nicht zu verdammen. Man habe „seinen ersten Auftritt“ oder gehe „von der Szene“, und wer mit einem hohen Programm hervortrete, von dem heiße es: „Er singt große Oper.“

Wiegmann erlebt selber eine Szene dieser „großen Oper“ Bürgerkrieg, deren Unterhaltungswert mit Millionen Opfern seit 1911 zu teuer bezahlt ist: Im Dezember 1936 nimmt „der Junge Marshall“ Zhang Xueliang den Oberbefehlshaber Chiang Kai-sheck in einem Thermalbad bei Xian gefangen und erpresst das antijapanische Bündnis mit den Roten Truppen Mao Zedongs. Wiegmann erzählt begeistert von Zhangs Auftritt auf der Terrasse eines Pekinger Hotels mit seinem Gefolge an Haremsdamen. Er hat jedoch den unmittelbar folgenden Sturz des jungen Helden wohl vergessen, der diesem langjährige Gefangenschaft einbringt.[7] Wenn man aktuelle Berichte aus China liest unter Überschriften wie „Man schaut was passiert, und meist passiert nichts“, dann scheint Lin Yutang mit seiner Charakterisierung der Chinesen abgesehen von Zeiten nackten Terrors richtig zu liegen.

Fotografieren

Wiegmann arbeitet im Fotostudio Hartungs mit der jungen Ex-Berlinerin Hedda Hammer, wo er für Dubosc vor allem Kunstreproduktionen herstellt. Er fotografiert auf Streifzügen durch die Vorstädte und in der Verbotenen Stadt oder auf Ausflügen in die *Westberge*.

Seine Themen sind in Fotografie und Malerei weitgehend begrenzt auf Stilleben, Architektur und die Natursymbolik der chinesischen Tradition, soweit sie in den Pekinger Westbergen zu erleben ist. Ein chinesischer Besucher kreidet ihm dies – auf die Malerei bezogen – ungewöhnlich offen im Gästebuch an: „Nur die Stoffwahl ist leider auf das Stilleben vor dem Fenster und auf die kleineren Landpartien beschränkt. Hoffentlich macht der Künstler weitere Fortschritte, damit er mit einer außergewöhnlichen künstlerischen Anschauung die Eigentümlichkeit Chinas kennen könnte." Die Menschen, wie Wiegmann sie sieht und sich aneignen will, bringt Hedda Hammer konkurrenzlos stark ins Studio.

Opernfotografie

Im Auftrag von Dubosc fotografiert Wiegmann Operndarsteller u.a. auf einem Hoteldach. Ein Foto davon begegnet mir noch 1981 in dessen Büro in Paris. Anrührend sind die Porträts der Kinderdarsteller. Wir können inzwischen durch Filme wie „Lebewohl, meine Konkubine" (Chen Kaige, 1993) das frühe Leid dieser Kinder ermessen (Abb. 47).

Eine Pekingoper ist besonders nah bei der Großen Politik angesiedelt, denn „Unruhe im Himmelspalast" herrscht schon seit 1910. Wer ist wohl 1936 in Peking gemeint mit dem „Affenkönig" *(Sun Wu Kung)*, der auf der Bühne mit List und Zaubertricks den Himmel aufmischt und genüsslich die „Pfirsiche der Unsterblichkeit" (Abb. 48) verspeist? Mao Zedong wird sich später zu dieser Figur bekennen und sie in den Jahren der Kulturrevolution propagieren lassen. Wiegmann liebt geradezu die Maske eines verräterischen Doppelgesichts – hier weiß, da schwarz: Sie entblößt das „Gesicht" der ganzen politischen Klasse (Abb. 49). Dieser junge Mann ahnt oft mehr als er begreift, doch er ist stolz darauf, sich dessen bewusst zu sein. Die deutschen China-Diplomaten hingegen seien mehr als einmal von ihren einheimischen Dolmetschern übers Ohr gehauen worden. Ob Dubosc ihm das berichtet hat? Wiegmann wird mir später die Reportagen der Amerikaner White und Jacoby[8] über die Jahre 1941

Abb. 49: Fritz Wiegmann, Die Maske eines Doppelgesichts

bis 1945 schenken, in denen dies finstere Schmierentheater noch einmal aufgeführt wird, zur Verzweiflung amerikanischer Politiker. Sie wollen den Widerstand gegen Japan bezahlen, doch rüsten sie in Wahrheit die Bürgerkriegsparteien auf (kommt uns das nicht bekannt vor?).

Die Arbeit mit Dubosc

Wiegmann wohnt bei Dubosc in der Nan C'hang Chieh, Tung Ho Yen 15 und begleitet ihn zu den Ankäufen an Ming- und früher Qin-Malerei. Sein scharfer Blick ergänzt die sinologische Expertise des Chefs. Aus den Erfahrungen mit den Händlern ließe sich eine

6 Lin Yutang: Mein Land und mein Volk. Übers. v. W.E. Süskind. Stuttgart: DVA o. J.
7 Frankfurter Allgemeine Zeitung vom 17.10.2001: Nachruf auf Zhang, der im Alter von 101 Jahren auf Hawaii gestorben ist.
8 Th. White, A. Jacoby: Donner aus China. Reinbek: Rowohlt 1947.

Ethik des Kunsthandels ableiten. Da werden in großer Geste Mengen von Rollbildern aufgefahren – „Printen", wie Wiegmann zu sagen pflegt – und verschwinden so schnell wie sie gekommen sind. Ein paar sparsame Gesten der Beachtung seitens der Besucher werden diskret registriert und haben eine

Abb. 50: Fritz Wiegmann, Wald, um 1970

neue qualitätvollere Serie an Angeboten zur Folge. Erst nach weiteren Prüfungen rückt der Händler mit seinen besten Stücken heraus.

Zwei Szenen werfen ein Licht auf die Konkurrenz in der Freundschaft der so unterschiedlich positionierten Männer: Da bemängelt Dubosc an einer Bildrolle einen Schreibfehler in der Kalligrafie; Wiegmann beharrt auf der Echtheit des Rollbilds und wird ein paar Tage später durch eine ältere Ausgabe der zitierten Dichtung bestätigt, die das zweifelhafte Zeichen enthält. Ein andermal schließt er von der Komposition auf einen am unteren Ende fehlenden Bildteil. Der Händler wird schließlich zugeben, dass er einen Brandschaden hat abschneiden lassen.

Wir wollen nicht übertreiben: Wiegmann bilanziert die Schwierigkeit, *Echtheit* und *Qualität* auf diesem Gebiet zu erkennen, einmal folgendermaßen: In der traditionellen Tuschmalerei ist das Nacharbeiten nach älteren Meistern üblich, und zwar nicht als genaue Kopie, sondern als Kopie aus dem Gedächtnis. Viele schlechte Bilder sind als Originale von Meistern im Umlauf. Man muss „nach dem Eindruck" entscheiden. Es ist „mehr die Intensität der Verwirklichung als die Originalität der Konzeption, die ein Werk wertvoll macht".

Ein Aufsatz von Dubosc von 1952 stellt kompositorische Entsprechungen zwischen Ming-Malern und westlichen Modernen wie Cezanne, Dufy oder Masson heraus.[9] Der Sonderdruck enthält die handschriftliche Widmung: „Für Fritz, der die chinesische Malerei mit mir entdeckt hat." Durfte der Assistent mehr erwarten? Jedenfalls hält die Freundschaft bis zu Wiegmanns Tod.

Die eigene Ausstellung im Dezember 1936 in der Nationalbibliothek

Als Künstler hat Wiegmann bereits seinen „Stil", seinen Weg gefunden. Auf der Staffelei in Peking zeigen Fotos die Stilleben und den kubistischen Stil der Berliner Zeit; für diese Arbeiten bekommt er bei einer Einzelausstellung von den Besuchern Ermutigung und Lob. Das belegt sein kalligrafisch interessantes Gästebuch, in dem wir z.B. lesen: „It may be an interesting experiment or might be an exciting wonderful adventure to combine French cubism and chinese cal(l)igraphy into something new. S.F."

Wiegmann schwärmt den Rest seines Lebens von den überwältigenden Landschaftsrollen des 14. bis 18. Jahrhunderts und setzt sich künstlerisch damit auseinander: „Wanderung durch die Natur ... Kein Blick aus dem Fenster ... Kein fester Standpunkt oder Blickpunkt ... Keine Skizzen vor der Natur ... Der Maler steht nicht draußen, sondern in seinem Bilde ... Sicherheit des Striches. Keine Retouchen möglich! Jeder Fehler sichtbar! direkteste Malart."[10]

Neujahrsbilder

Zusammen mit Dubosc und über das Erlebnis des Neujahrsfestes entdeckt er auch die Welt der volkstümlichen Drucke. Deren ästhetische Qualitäten werden an anderer Stelle angesprochen. Wenigstens eine Verbindung möchte ich hier ziehen, und zwar zum farbenprächtigen Bild des „Sommerpalastes", das Wiegmann stets mit „Raoul Dufy!" begrüßt (Abb. 45). Ich lerne die Sammlung 1968 in seinem Wohnzimmer kennen. Er blättert sie mir vor. Die Bilder sind fremd, farbig und so empfindlich – stets gibt es einen kleinen Schaden am dünnen Papier.

Wiegmann liebt als Großstädter die Antiquare und Märkte Pekings. Ob er die Sammlung selber erworben hat? Mir gegenüber bleibt er in dieser Frage unklar, spricht aber auch von „Konsularbeamten", die Material in der Provinz erwarben. Dafür spricht auch, dass Dubosc 1942 in Peking die erste Ausstellung chinesischer Neujahrsbilder organisiert.

Wiegmann stellt 1971 gegenüber seinem Freund Zgainsky eindeutig fest, seine Blätter seien alle vor 1935 in verschiedenen Provinzen gesammelt und stammten aus der Sammlung Dubosc.

Heim ins Reich 1937 – eine Fehlkalkulation ?

Auch in China werden nationalsozialistische deutsche Konsuln ungemütlich, wenn die Passverlängerung nötig wird. Wiegmann fügt sich. Er will nicht zum staatenlosen Flüchtling auf einem asiatischen Kriegsschauplatz werden. Europas Lage erscheint vergleichsweise stabil. Das „Passfoto" (Abb. 51) mit Hut und Mantel, 1942 aufgenommen, steht symbolisch für den heraufziehenden europäischen „Winter".

Die 1933 in Berlin zurückgelassenen Bilder – allesamt Kategorie „entartet" – sind verloren. Mir gegenüber äußert Wiegmann wiederholt, „die Familie" habe sie „aus Angst" zerstört. Ich finde die Geschichte gut, selbst wenn die banalere Version einer späteren Zerstörung in Berlin auch einiges für sich hat. Ein Atelier ist schnell gefunden. Zu Pfingsten 1939 schreibt die Mutter aus Minden: „... Sieh zu, daß du hinaus ins Grüne kommst!" Den Krieg übersteht Wiegmann trotz einer Ausbildung zum Sanitäter unbeschadet in der Betreuung ausgelagerter Berliner Schüler „bis zur Obertertia" in Karlsbad. Von dort aus erreicht er 1945 die Stadt Hof in der Amerikanischen Zone.

Sein politisches Interesse ist wacher denn je. Gespräche mit Graf Stauffenbergs Witwe vermitteln ihm die Überzeugung, dass England an der Selbstbefreiung der Deutschen nicht interessiert gewesen ist. Rolf Hochhuth wird ein wichtiger Autor für ihn werden. 1948 bis 1950 unterrichtet er als Zeichenlehrer an der Granitbildhauerschule im fränkischen Wunsiedel. Willi Schmidt wird sein Schüler, der dann selber an der Städelschule in Frankfurt unterrichtet und für seine warmherzige figürliche Kunst bekannt ist. Er verwahrt seit 1973 Wiegmanns malerischen Nachlass in Schwalbach am Taunus.

1950 nimmt Wiegmann eine Stelle als Kunsterzieher in Frankfurt an. Am Goethe-Gymnasium habe ich ihn fünf Jahre lang als fairen, den Charakter seiner Schüler achtenden Lehrer erlebt. „Mehr als sechs Grundfarben im Malkasten sind weder nötig noch gut." Doch schon damals können sich Lehrer gegenüber den Verlockungen der Konsumgesellschaft nicht mehr durchsetzen.

Abb. 51: Passfoto von Fritz Wiegmann, 1942

9 J. P. Dubosc [Verständnis und Missverständnis der chinesischen Malerei]. In: Critique No. 60, Mai 1952.
10 Wie Anm. 1.

In einem stummen Kollegium von Kriegsverlierern und Kriegsversehrten gehört er zu einer kleinen Gruppe von Außenseitern. Sie brechen das Schweigen über den Krieg, stellen Böll, Andersch und die „Gruppe 47" an die Stelle von „Schimmelreiter" oder Droste-Hülshoff und verweigern sich dem Antikommunismus der Adenauer-Republik.

Wiegmann erneuert Vorkriegsfreundschaften in Richtung Ost-Berlin, so zum Opernregisseur Walter Felsenstein. Er bleibt unbeirrbarer Freund auch der Volksrepublik China, so wie die Autorin Simone de Beauvoir oder die Verleger Ernst Rowohlt und Johannes Fladung. Sicher teilt er mit ihnen auch die Faszination durch die jungen Revolutionäre, deren idealisiertes Bild amerikanische Journalisten wie Edgar Snow verbreitet haben, und er hat nicht vergessen, dass Chinas „Humor" bzw. Praxis immer grausam war. Franz Kuhns Übersetzungen vermitteln die populären Romane der Ming-Epoche so unverkrampft, dass mir z.B. Jahre lang nicht auffiel, dass es darin auch um Kannibalismus und andere politisch unkorrekte Dinge geht.

Abb. 52: Fritz Wiegmann in Beatenberg, um 1970

Wiegmann lacht mit den aufgeklärten Mandarinen der Romane über Priestertrug und Despotie, aber er idealisiert sie nicht. Er schätzt die Literaten mit Karriereknick und die im Ruhestand, und er achtet den gewöhnlichen Sterblichen, der mit Witz und Humor sein Glück jagt. Daher kommt Wiegmanns beharrliche Bemühung, die chinesischen Neujahrsbilder in Deutschland zu zeigen.

In den sechziger Jahren wird der politische Horizont in Westdeutschland weiter, aber nicht klarer. Wie wäre das zu ertragen ohne *Die Zeit*, Saul Steinbergs Zeichnungen sowie eine gehörige Portion Sarkasmus? Als die USA 1970 das vietnamesische Schlachtfeld auf Kambodscha ausweiten, schreibt mir Wiegmann in einem Brief: „Kambodscha kann einen zur Verzweiflung bringen. Ich las in der Zeit, dass es in U.S.A. eine neue black power Frauen Bewegung gibt; die Parole ist: Tod den Männern. Falls sie im Pentagon anfangen, haben sie meinen Segen."

Waldklause im Berner Oberland

Das Hessische Ferienhotel in Beatenberg über dem Thuner See wird für Wiegmann nach der krankheitsbedingten Pensionierung ab 1962 für sechs Monate im Jahr zur Waldklause, wo er den „Exzentrikern von Yangzhou" und den einsamen Poeten auf den großen Landschaftsrollbildern nahe sein kann. Das Relief um den Thunersee ist atemberaubend, Besucher bringen Wein und Gespräche (Abb. 52).

In Wiegmanns eigenen Malereien könnte man mit Recht den zweiten Pol – die Leere – vermissen; denn er hat die Leinwände und Pappen bis an den Rand gefüllt. Ich finde die Leere heute zwischen den Bildern, in den müßigen Momenten seines Lebens. Den Kunstmarkt hat er nach halbherzigen Anläufen ignoriert, unter Verachtung aller „Galerieknechte", die vertragsgemäß ihre Menge an „Kopffüßlern" – sein Paradebeispiel – abliefern. Über Mei Ch'ing, einem der von Wiegmann verehrten Meister der Ming-Zeit, ist von gelehrter Seite geschrieben worden: „... a scholar-poets painting, the work of a

11 James Francis Cahill: Fantastics and Eccentrics. New York 1963, S. S.53.

sensitive and gifted amateur with a fanciful turn of mind."[11] In solcher „Verrücktheit" arbeitet Wiegmann in seinen letzten Jahren an ungewöhnlichen Themen wie Tannenwäldern und Alpenlandschaften. Willi Schmidt hat das einmal drastisch so formuliert : „Das haben nach Segantini und Corinth nur noch Heimatmaler gemalt."

Welchen Schluss finden?

Wiegmann zitiert in seinem Manuskript 1950 eine chinesische Legende: „Wu Tao Tzu malte eine grosse Landschaft auf eine Wand des Palastes; und der Kaiser, der sie zu sehen kam, war hingerissen vor Begeisterung. Wu Ta Tsu klatschte in die Hände. Eine Höhle im Bilde öffnete sich, der Maler trat in sein Bild und war auf Erden nicht mehr gesehen."

Im Gitterwerk seiner späten „Wälder" zu verschwinden, war vielleicht sein Traum, oder irgendwo aus dem Bild zu gehen (Abb. 50). Im Leben sah das so aus: Im Spätherbst 1973 nimmt er – von schwerer Krankheit gezeichnet – von den Freunden im Westen Abschied und überquert die Berliner Sektorengrenze in Richtung „Charité". Am 9. November verlässt er diese Welt.

In diesem Frühjahr wäre er übrigens hundert Jahre alt geworden.

Gerhard Schulze: Glück muss man sich einbilden

Was man selbst als Erlebnis meint zu fühlen, ist ja etwas, an dem man selbst im Moment des Fühlens konstruktiv beteiligt ist. Man schaut auf eine bestimmte Weise auf sich selbst. Man hat schon durch die Vorprägung des Erlebnisprojektes, durch die Faszinationssuche etwa, einen Begriff, den der Faszination, mit dem man sich dann ingenieurtechnisch selbst absucht. Hat sich das angestrebte Ergebnis eingestellt? Durch die Beobachtung wird also der gewünschte Zustand schon teilweise hergestellt. Das Ergebnis hängt von den Selbstbeobachtungstechniken ab, damit von den Techniken, unangenehme Eindrücke zu übersehen und von der Fähigkeit, Erlebnissuggestionen in die eigene Selbstbeobachtung einzuspeisen.

Solche Suggestionen werden einem massenhaft angeboten, bis hin zum Aufschrei des Animateurs: Das ist ja wieder einmal super! Was ein Animateur als erstes können muss, ist die glaubwürdige Versicherung, dass die Animierten etwas erlebt hätten. Die Suggestion des Erlebnisses ist eine nachgefragte und bezahlte Dienstleistung. Wenn der große Gesamtanimateur diese Dienstleistung nicht mehr erbringt, dann wendet sich das Publikum ab und es heisst: Es ist ja nichts los. (...)

Die Events der Erlebnisgesellschaft, auch die des entsprechenden Tourismus, gefallen vielen Leuten, oder sie glauben es wenigstens. Wir können nicht unterscheiden, ob es wirklich gefällt, oder ob man nur glaubt, dass es einem gefällt. Man kann eigentlich fast nur philosophisch und nur für sich selbst die Frage stellen: Will ich das eigentlich?

Ich kann dabei für mich ganz klar sagen: Ich will es nicht, weil mir bewusst ist, dass es noch andere Möglichkeiten gibt, die mich eigentlich mehr interessieren (das „Ich" verstehe ich jetzt kategorial: ein über sich selbst nachdenkender Mensch). (...)

Wenn ich mein Leben betrachte als die Zeit, die ich als wertvolles Kapital verschwenden kann oder mit der ich etwas anfangen kann, dann komme ich für mich zu dem Ergebnis: So mache ich das nicht. Ich setze mich auf den Zug eines anderen Glücksmodells, das ja auch seine Tradition hat, etwa in der griechischen Philosophie. Es ist ein Glücksmodell nicht der „Selbstbezogenheit" wie bei der Beeinflussung des Inneren durch äußere Mittel in der Erlebnisrationalität, sondern eines der „Selbstvergessenheit." Es ist eine Form des Erlebens, wo gerade dadurch, daß man nicht an sich denkt, sich, wie John Elster es formuliert, das Glück als Nebensache einstellt, als etwas, das man sich eigentlich erst in der Erinnerung noch einmal bewußt machen kann. Es ist, paradox formuliert, eine Form der Erlebnisrationalität, die gerade in der Vermeidung von Erlebnisrationalität, von Systematiserung, Planung und ingenieursmäßiger Selbstmanipulation besteht.

Auszüge aus: Suggestionen und entgangener Gewinn. Zur Transformation der Erlebnisgesellschaft. Ein Interview mit Prof. Dr. Gerhard Schulze (Bamberg). In: Voyage. Jahrbuch für Tourismus- und Reiseforschung. Köln: DuMont 4/2001, S. 29-41

福
福

Oh wie schön ist Panama ...

Über die Suche der Hirnforscher nach dem Stoff oder dem Ort im Hirn, der uns glücklich macht

Gerald Hüther

Die Macht, mit der psychoaktive Substanzen (Psychopharmaka und Drogen) unsere Stimmungen und Gefühle verändern können, ist ein faszinierendes Phänomen. Den Hirnforschern ist es in den letzten Jahren gelungen, das Geheimnis dieser Wirkungen zu lüften: Nervenzellen verwenden chemische Signale (Botenstoffe, Transmitter, Hormone) um miteinander zu kommunizieren. Und psychoaktive Substanzen verändern diese normalerweise ablaufenden „Unterredungen" so, dass das gesamte im Hirn ablaufende „Gespräch" von einzelnen Nervenzellverbänden dominiert und in eine bestimmte Richtung gedrängt wird. Das Ergebnis erlebt man als eine charakteristische Veränderung des affektiven Zustandes, also des Gefühls.

Psychostimulanzien wie Kokain führen (durch Stimulation der Freisetzung von Dopamin) zu übersteigertem Antrieb bis hin zu psychotischen Allmachtsgefühlen, Etaktogene wie Ecstasy bewirken (durch Stimulation der Freisetzung von Serotonin) eine Harmonisierung, Öffnung und rauschartige Glückszustände. Ähnlich, aber wesentlich schwächer ist die Wirkung von Fluctin (Prozac), einem Antidepressivum, das inzwischen 37 Millionen Amerikaner allmorgendlich als „Psychokosmetikum" einnehmen, um ihren offenbar recht frustrierenden Alltag bei einigermaßen guter Stimmung zu überstehen. Bestimmte Botenstoffe, die normalerweise nur bei besonders gravierenden Ereignissen ausgeschüttet werden (Opiate bei Stress, Oxytocin bei der Geburt und beim Stillen) können – von außen zugeführt – z. T. sehr tiefgreifend unser Verhalten und Empfinden verändern (Opium als Droge, Oxytocin als „Bindungs- oder Liebeshormon").

Das Bekanntwerden all dieser Wirkungen hat wesentlich zur Verbreitung der sonderbaren Vorstellung beigetragen, unsere Gefühle seien letztlich nur das Ergebnis von Veränderungen unserer „Hirnchemie". Inzwischen ist die anfängliche Euphorie über die Möglichkeiten der chemischen Manipulierbarkeit von Stimmungen und Gefühlen jedoch bereits weitgehend verflogen. Entweder mußte man feststellen, dass die Drogen mit der Zeit immer mehr an Wirkung verloren, weil sich das Gehirn an die „chemischen Zwischenrufer" anpasst und deren „Gerede" zunehmend überhört, oder es traten unerwünschte Nebenwirkungen zutage, die den gewünschten Effekt z. T. erheblich störten (hierzu zählt

Abb. 54: Herdgott und Gemahlin mit Kalenderblatt für das Jahr 1932. Unter einer von Drachen und Reitern bekränzten Tabelle mit den Kalenderdaten thronen der Küchengott und seine Gemahlin. Die Aufschrift neben dem als Beamter gekleideten Herdgott bezeichnet ihn als den das Schicksal bestimmenden Gebieter über die östliche Küche und als Gott des Wassers und des Feuers im Hause. Im unteren Bildteil ist ein Gefäß auf Päoniensockel zu sehen, flankiert von zwei Knaben. Durch die Lotosblüte „he" und durch eine Dose „he" sind beide als „He He ersheng", die Zwillingsgenien der glücklichen Harmonie, gekennzeichnet. Rechts ein Glücksbringer in Beamtenkleidung mit dem Zeichen für Vermehren „zeng", links einer mit dem Zeichen für Glück „fu". Vermutlich Lokalstil Shandon.

u. a. der sich ausbreitende Libidoverlust bei Prozac-Konsumenten). Mit Chemie, so die bittere Erkenntnis, ist das Gehirn auf Dauer offenbar nicht in ein beständiges Beglükkungsorgan zu verwandeln.

Die Blüte der „Hirnchemiker" begann endgültig zu verblassen, als es in den 90er Jahren des vergangenen Jahrhunderts mit Hilfe sogenannter „bildgebender Verfahren" (Computertomographie) möglich wurde, einem Menschen der musiziert, sich etwas Schönes vorstellt, glücklich ist oder Angst hat, sozusagen ins Hirn zu schauen. Dabei wurde deutlich, dass bei all diesen Nutzungsarten bestimmte Bereiche des Gehirns

Abb. 53 (linke Seite): Laternenfest. Die Szene im Hof zeigt die Vergnügungen in einem reichen Hause. Die Kinder erfreuen sich am neuen Spielzeug, ein Junge brennt Feuerwerk ab. Im Eingang steht die Hausfrau; der Hausaltar ist reich geschmückt. Die festlichen Tage gehen zu Ende, alle Rituale sind erfüllt, die erneuerten Bilder und Zeichen begleiten die Menschen in den Alltag.

Abb. 55: Beamter mit Knaben, von denen der rechte ein Weinwärmegefäß, der linke eine Vase mit Lotusblume trägt: Der Wunsch nach Aufstieg in der Hierarchie wird damit symbolisiert.

besonders aktiv werden: Limbische Regionen, wenn Emotionen geweckt werden, die Amygdala (Mandelkern), wenn Angst empfunden wird, der Frontallappen, wenn Handlungen geplant werden etc.

Die so erzeugten „Hirnbilder" mit ihren grellbunten Flecken erweckten nicht nur bei Laien den Eindruck, dass man damit nun endlich auch die Regionen gefunden hätte, die für die Entstehung menschlicher Gefühle wie Lust, Angst, Trauer, Liebe usw. verantwortlich sind.

Doch die Begeisterung über die Entdeckung dieser „Gefühlszentren" währte ebenfalls nur kurz. All zu schnell wurde deutlich, dass das mit einem bestimmten Gefühl im Gehirn einhergehende „Aktivierungsmuster" individuell sehr unterschiedlich ausfiel, dass es in hohem Maße durch Vorerfahrungen bestimmt war, und dass es sich durch neue Erfahrungen verändern konnte. Das daraus abgeleitete Konzept der „erfahrungsabhängigen Plastizität neuronaler Verschaltungen" bildete den Grundstein für eine neue dynamische Betrachtungsweise der Funktion des menschlichen Gehirns: Ein Gefühl wie Freude oder Glück bleibt zwar nach wie vor gebunden an die Freisetzung bestimmter Botenstoffe und die dadurch ausgelöste Aktivierung bestimmter Nervenzellverbindungen und Netzwerke. Aber die komplexen Netzwerke und Verschaltungen, die darüber bestimmen, was wir suchen und wo wir suchen, was uns glücklich macht, werden erst im Lauf unserer Entwicklung in ganz bestimmter und individuell sehr unterschiedlicher Weise angelegt, gefestigt und stabilisiert.

Was ein einzelner Menschen also anstrebt, was er zu erreichen sucht, was er als besonderes Glück betrachtet und was in ihm ein Gefühl höchster Freude, eben ein Glücksgefühl auslöst, hängt deshalb ganz entscheidend von den Erfahrungen ab, die dieser Mensch im Lauf seines bisherigen Lebens machen konnte oder aber zu machen gezwungen war. Diese individuellen Erfahrungen bestimmen darüber, ob es jemand als besonderes Glück erlebt, entweder viel oder aber wenig Geld zu besitzen, entweder ein festes oder aber gar kein zu Hause zu haben, entweder jemanden lieben zu dürfen oder von jemandem geliebt zu werden, entweder anderen etwas abgeben zu dürfen oder von anderen etwas geschenkt zu bekommen.

Die wichtigsten Erfahrungen werden bereits während der frühen Kindheit gemacht und als gebahnte Verschaltungsmuster im Gehirn verankert. Sie sind bestimmend für das, was ein Mensch später zu erreichen sucht und was ihn – wenn er das Gewünschte schließlich erreicht hat – so besonders glücklich macht.

Was immer das im Einzelfall auch sein mag, in einem Aspekt gleichen sich all unsere Bemühungen: Wir versuchen mit Hilfe unseres Gehirns einen Zustand herbeizuführen, der uns hilft eine irgendwie verloren gegangene innere Balance wiederzufinden, eine irgendwie eingetretene Störung unseres emotionalen Gleichgewichtes zu beseitigen oder auszugleichen. Wir streben also alle danach, einen Zustand innerer Harmonie zwischen den verschiedenen und z.T. sehr unterschiedlichen Aktivitäten der einzelnen regionalen neuronalen Netzwerke und Verarbeitungszentren in unserem Gehirn zu erreichen. Angesichts der vielen, immer wieder auftretenden Störungen dieser inneren Harmonie ist dieses Ziel jedoch nur schwer und bestenfalls für kurze Zeit erreichbar.

Immer wieder müssen wir erleben, wie kurzlebig das Gefühl der Freude und des tiefen Glücks ist, das sich immer dann einstellt, wenn es uns wieder einmal gelungen ist, Einklang mit uns selbst, in uns selbst und mit allen was uns umgibt herzustellen. Allzu schnell wird dieser harmonische Zustand wieder gestört: Durch neue, aufregende Wahrnehmungen, durch von außen geweckte oder von innen entstehende drängende Bedürfnisse und Wünsche, durch nicht erfüllte Erwartungen, durch verletzte Gefühle, durch neue Anforderungen, durch Spannungen und Konflikte mit anderen Menschen. Immer dann, wenn das harmonische Zusammenwirken der vielen regionalen Netzwerke in unserem Gehirn gestört wird, wenn einzelne Bereiche überstark erregt, wenn die dort entstehende Unruhe nicht unter Kontrolle gebracht werden kann und sich in tieferliegende limbische Bereiche auszubreiten beginnt, ist auch das Glücksgefühl rasch zu Ende. Dann macht sich ein Gefühl von Verunsicherung, Angst und Stress breit. Es ist spürbarer Ausdruck der Tatsache, dass wir wieder einmal „aus dem Gleichgewicht" geraten sind, und dass wir etwas tun müssen, um den Einklang herzustellen zwischen uns und unserer äußeren Welt, zwischen unserem Denken, Fühlen und Handeln und zwischen dem was wir wollen und dem was wir können. Wir müssen versuchen, das in unserem Gehirn entstandene Durcheinander wieder in geordnete Bahnen zu bringen, die gestörten Verarbeitungsprozesse wieder zu harmonisieren und zu synchronisieren. Gelingt uns das nicht, so macht uns dieses Durcheinander in unserem Gehirn über kurz oder lang krank, entweder psychisch oder körperlich.

Wer irgendwie noch kann, rappelt sich daher immer wieder auf und macht sich auf die Suche nach dem verlorenen Glück. Manche suchen es dort, wo es scheinbar am leichtesten zu finden ist (und greifen zu Drogen), viele suchen es dort, wo sie es bisher schon immer gefunden haben (und werden von den einmal gefundenen und gebahnten Strategien zur Bewältigung ihrer Ängste immer abhängiger), einige versuchen auch, sich die störende äußere Welt und andere Menschen effektiver vom Leibe zu halten (und werden dabei immer einsamer), und wieder andere versuchen, sich noch besser als bisher an die vorgefundenen Verhältnisse anzupassen (und verlieren sich auf diese Weise zunehmend selbst). Nur wenigen gelingt das Kunststück, sich immer wieder neu auf die immer wieder neuen Herausforderungen einer sich ständig wandelnden Welt einzulassen, diese Welt zu gestalten und sich von dieser Welt gestalten zu lassen. Sie machen den Weg zu ihrem Ziel.

Oh, wie schön ist Panama ...: eine glückliche Reise, aber nur solange man noch unterwegs ist. Am Ziel seiner Wünsche angekommen, hat man leider nichts mehr, worauf man sich freuen kann. Diesem Dilemma, so scheint es, können auch Hirnforscher nicht entgehen.

Literatur zum Weiterlesen

Gerald Hüther: Biologie der Angst. Göttingen: Vandenhoeck & Ruprecht, 1997.
Ders.: Evolution der Liebe. Göttingen:, Vandenhoeck & Ruprecht, 1999.
Ders.: Bedienungsanleitung für ein menschliches Gehirn. Göttingen: Vandenhoeck & Ruprecht, 2001.
Gerald Hüther, K. Gebauer: Kinder brauchen Wurzeln. Düsseldorf/Zürich: Walter-Verlag, 2001.
Gerald Hüther, H. Bonney: Neues vom Zappelphilipp. Düsseldorf/Zürich: Walter-Verlag 2002.

Zu den Autorinnen und Autoren

Abb. 56: Zhong Kui, Dämonenbekämpfer, erjagt die Fledermaus („fu“ = Glück). Schutzbilder für die beiden Flügel einer Außentür (vgl. Umschlag, S. 1 und S. 3)

Marie-Luise Beppler-Lie
Jg. 1952, Studium der Sinologie, Germanistik und Politik in Frankfurt, 1978 mit Magister Artium abgeschlossen. Dreijähriger Aufenthalt in Sichuan/VR China als Deutschlehrerin (1979-82), zahlreiche Reisen privat und als Reiseleiterin durch weite Teile Chinas. Seit 1987 Lehrerin für moderne chinesische Sprache, Literatur und Kultur an der Philipps-Universität Marburg. Übersetzerin von moderner chinesischer Literatur und Verfasserin von Lehrbüchern für modernes Chinesisch.

Detlev von Graeve
Jg. 1944, hat in Frankfurt am Main, Wien und Bern Philosophie, Geschichte und Politik studiert, bereiste die VR China 1973 in einer Delegation und 1988 als Rucksacktourist. 1973-1976 Mitarbeit an der Ausstellung „Die Karikatur der Pariser Kommune 1871“. Zusammen mit Johnny Erling Autor von „Tigermaske und Knochengespenst – Die neue chinesische Karikatur“ (Köln 1978). Seit dreißig Jahren Gymnasiallehrer, lebt in Frankfurt am Main.

Gerald Hüther
Dr. rer. nat. Dr. med. habil., Professor für Neurobiologie, Leiter der neurobiologischen Forschungsabteilung an der Psychiatrischen Universitätsklinik in Göttingen. Forschungsschwerpunkte: Ursachen psychischer Störungen, Wirkungsmechanismen von Psychopharmaka, Auswirkungen von Angst und Stress. Zahlreiche wissenschaftliche Publikationen, Sachbuchautor (Biologie der Angst, Evolution der Liebe, Bedienungsanleitung für ein menschliches Gehirn).

Dieter Kramer
Jg. 1940, Oberkustos im Museum der Weltkulturen (Abteilung Europa), Ao. Univ.-Prof. in Wien für das Fach Europäische Ethnologie. 1977 bis 1990 im Dezernat Kultur und Freizeit der Stadt Frankfurt am Main, 1995-1998 wissenschaftlicher Referent des Präsidenten des Goethe-Instituts in München. Mitglied des Kuratoriums der Römerberggespräche Frankfurt, im Vorstand der Gesellschaft für Ethnographie (Berlin). Veröffentlichungen zu Europäischer Ethnologie, Tourismus, Museumswesen, Kulturpolitik und zur Rolle der Kultur in der internationalen Politik.

Eva Schestag
Sinologin, studierte Sinologie und Sprachwissenschaften in München, Nanking, Zürich und Taipeh. Schwerpunkt ihrer Arbeit ist die Kommentargeschichte zum Werk des daoistischen Philosophen Zhuangzi. Sie ist Lehrbeauftragte an der Johann Wolfgang Goethe-Universität in Frankfurt am Main.

Zusammenfassung / Summary

Zusammenfassung

Neujahrsbilder *(Nianhua)*, chinesische populäre Druckgrafiken meist auf einfachem dünnen Papier, werden jedes Jahr neu zum chinesischen Neujahrsfest an die Türen und Wände geklebt, um Glück herbeizuwünschen und negative Einflüsse symbolisch abzuwehren. Der vorliegende Band ist entstanden als Begleitbuch zu einer Ausstellung des Museum der Weltkulturen in Frankfurt am Main. Die Beschäftigung mit diesen Bildern regt dazu an, die eigenen Vorstellungen vom Glück zu bedenken: *Dieter Kramer* geht einleitend auf verschiedene Facetten des Verständnisses von Glück ein: Immer sind es die Individuen, die, freilich im Rahmen der in ihrer Lebenswelt vorherrschenden Standards des „guten und richtigen Leben", für sich selbst entscheiden, was an inneren Zuständen und äußeren Gütern oder Verhältnissen für sie Glücklichsein bedeutet.

Detlev von Graeve, Leihgeber der veröffentlichten (und ausgestellten) Sammlung von *Nianhuas* erläutert, wie die Drucke entstehen, wie sie verwendet wurden und wie sie sich im Lauf des 20. Jahrhunderts von überkommenen Traditionen über die Zeit Maos bis zur kapitalistischen Gegenwart veränderten. Ein weiterer Beitrag dieses Autors informiert über jenen Künstler und Sammler *Fritz Wiegmann*, dem die allermeisten der hier abgebildeten Objekte zu verdanken sind: Ein deutscher Künstler und Kunsterzieher, der 1933 vor den Nationalsozialisten zunächst nach Mallorca, dann mit Hilfe des französischen Diplomaten J. P. Dubosc nach Peking ausweicht und dort zusammen mit diesem für das Musée Guimet in Paris chinesische Kunst sammelt. 1937 kehrt er wieder nach Deutschland zurück, eine *Nianhua*-Sammlung im Gepäck. Er lebt nach dem Krieg als „nonkonformistischer" Kunsterzieher in der Bundesrepublik Deutschland. Sein Schüler *Detlev von Graeve* erbt die *Nianhua*-Sammlung, die sich heute als Dauerleihgabe im Museum für Angewandte Kunst Frankfurt am Main befindet.

Die Sinologin *Eva Schestag* erläutert den altchinesischen Begriff von den Fünf Arten des Glücks jeweils aus konfuzianischer und daoistischer Sicht: Langlebigkeit, Reichtum, Harmonie, Pflege der guten Tugenden und das Erfüllen seiner Lebensaufgabe erhalten in den drei weltanschaulich-religiösen Hauptrichtungen Chinas (zu denen auch der Buddhismus zu zählen ist) unterschiedliche populäre Akzentuierungen, finden sich freilich auch in mannigfachen Vermischungen wieder.

Marie-Luise Beppler-Lie, ebenfalls Sinologin, informiert über Entstehung und Verwendung von „Glückszeichen" in der chinesischen Sprache und erklärt mit Beispielen aus der Geschichte der chinesischen Schrift, wie Silben und Zeichen vielfältigste symbolträchtige Kombinationen eingehen: Homophone (gleichlautende) Zeichen werden für vieldeutige Wortspiele verwendet, symbolträchtige Gegenstände lassen gleichlautende abstrakte Wünsche assoziieren.

Der Neurobiologe *Gerald Hüther* schließlich unterrichtet über die Erkenntnisse der Hirnforscher: Die Entdeckung von chemischen Botenstoffen ließ die Meinung entstehen, unsere Gefühle seien letztlich nur das Ergebnis von Veränderungen der Hirnchemie und könnten durch Psychostimulanzien beliebig manipuliert werden. Mit Hilfe der Computertomographie schließlich wurden die Regionen entdeckt, in denen menschliche Gefühle lokalisiert sind. Was aber eine eindeutige chemische oder physische Verortung des Glückserlebens zu erlauben schien, wurde wieder relativiert, als man herausfand, dass es ganz entscheidend von den vorgängigen Erfahrungen abhängt, was ein Individuum als Glück erlebt.

Zitate des Philosophen Ernst Bloch, des Sinologen und Philosophen Wolfgang Bauer, des Historischen Anthropologen Jörg Zirfas und des Soziologen Gerhard Schulze zum Thema Glück runden den Band ab.

Abb. 57: Dämonenbekämpfer, Pendantbild zu Abb. 56

Summary

Nianhua (New Year pictures) are popular Chinese graphic prints on simple thin paper, which are attached to walls and doors on Chinese New Year's Eve. They express the people's wish for happiness and are believed to dispel evil influences. The present book is a complementary publication in addition to an exhibition of the Museum der Weltkulturen in Frankfurt am Main. These pictures inspire us to rethink our notion of happiness. *Dieter Kramer's* introductory essay looks into the different facettes of the meaning of happiness: It is the individual to decide what happiness means to him or her, be it an inner emotional state and/or materialistic goods or exterior conditions. These decisions, of course, are always taken relative to the prevailing standards of a „good and proper" life within the frame of his or her particular world.

Detlev von Graeve, owner and lender of the published (and exhibited) collection of *nianhua*, explains the origin of these prints. He illustrates how they were used traditionally and what changes they went through in the course of the twentieth century. Another contribution from the same author provides information on the artist and collector *Fritz Wiegmann*, whom we are indebted to for most of the objects shown above. As German artist and teacher of arts, he first sidesteps the Nazis by going to Mallorca in 1933 and then to Peking with the help of J. P. Dubosc. Travelling Northern China, the two of them buy and collect Chinese art on behalf of the Musée Guimet in Paris. In 1937 he returns to Germany with the present collection of *nianhua* and after the war he leads the life of a „nonconformist" teacher of arts. His student *Detlev von Graeve* becomes heir of the nianhua collection, which now is a permanent loan to the *Museum für Angewandte Kunst* in Frankfurt am Main.

The sinologist *Eva Schestag* expounds the ancient Chinese notion of the „Five happinesses" from a confucian and a daoist point of view: longevity, richness, harmony, the cultivation of good virtue and the fulfilment of one's alloted span are each accentuated differently in these two now and then prevailing Chinese ways of thought.

Marie-Louise Beppler-Lie, also sinologist, explains the origin and usage of the various Chinese characters expressing happiness. She demonstrates from an etymological point of view their various combinations and pertaining symbolism: homophones are ambiguously used in puns, symbolic objects associate abstract wishes by mere consonance of their sounds. Finally, *Gerald Hüther* teaches us from his professional experience in Neurobiology: The discovery of chemical transmitter substances has led to the belief that our emotions are the mere result of changes in the chemistry of our brains and can be randomly manipulated by psycho-stimulants. Computer tomography helped scientists to discover those spheres in the human brain in which our emotions are supposedly located. This discovery seemed to give allowance to an unambiguous chemical or physical localisation of our sensation of happiness. But this was later qualified by the insight that an individual's sensation of happiness mainly depends on previous experiences.

Quotations from the works of Ernst Bloch, philosopher, Wolfgang Bauer, renown sinologist in the field of Chinese philosophy, Jörg Zirfas, historical anthropologist, and of Gerhard Schulze, sociologist, round off this book on „happiness".

Publikationen des Museums der Weltkulturen Frankfurt am Main

Eine Auswahl

Reihe „Galerie 37"
Ausstellungskataloge zu moderner Kunst, Format 21 x 28 cm

1
E. Ch. Raabe u. M. B. Suhrbier (Hrsg.): Sinnwelten. 1997, 110 S., 82 Abb., € 24,50

2
A. Peller: Im Auftrag der Götter. Künstlerinnen aus Mithila (Nepal/Nordindien). 1998, 32 S., 13 Abb., 1 Karte, € 7,20

3
E. Ch. Raabe: Im Auge des Betrachters. Kunst und Sehen in Papua Neuguinea. 1998, 75 S., 62 Abb., € 16,40

4
A. Sibeth u. Th. U. Freitag (Hrsg.): Bali. Moderne Kunst aus dem Museum Ngurah Gede Pemecutan. 1999, 112 S., 74 Abb., Text deutsch u. englisch, € 23,00

5
J. Agthe: Tagewerke. Bilder zur Arbeit in Afrika (with English summary). 1999, 80 S., 43 Abb., € 10,20 (Format 21 x 23 cm)

6
D. Kramer (Hrsg.): Die lachende Dritte. Satirische Grafik und Karikaturen aus den Ländern des Südens. 2000, 64 S., 69 Abb., € 14,30

7
A. Sibeth: Landschaft und Abstraktion. I Ketut Susena und I Made Supena aus Bali. 2000, 96 S., 63 Abb., Text deutsch u. englisch, € 21,50

8
E. Ch. Raabe (Hrsg.): Brücke zwischen Zeiten und Welten. Treahna Hamm und Peter Hupfauf aus Australien. 2001, 85 S., 61 Abb., Text deutsch u. englisch, € 20,50

9
J. Agthe u. E. J. Court: Bilder aus Träumen. Jak Katarikawe (Uganda). 2001, 152 S., 107 Abb., Text deutsch u. englisch, € 21,50 (Format 21 x 23 cm)

Reihe „Sammlung"
Bestands-Kataloge. Format 21 x 21 cm, Hardcover, Fadenheftung, Abb. ab Nr. 4 meist in Farbe. Teils mehrsprachig (deutsch/englisch/französisch).

1: Afrika
J. Agthe: Luba Hemba. Werke unbekannter Meister. 1983, 162 S., 114 Abb., € 7,70

2: Afrika
J. Agthe u. K. Strauß: Waffen aus Zentralafrika. 1985, 388 S., 231 Abb., € 23,00

3: Indonesien
O. Karow: Terrakottakunst des Reiches Majapahit in Ostjava. 1987, 218 S., 331 Abb., € 15,30

4: Afrika
F. Axt (Hrsg.): Bildende Kunst der Gegenwart in Senegal. 1989, 278 S., 90 Abb., € 17,90

5: Afrika
J. Agthe: Wegzeichen. Kunst aus Ostafrika. 1990, 541 S., 270 Abb., € 29,70

6: Afrika
G. Celis: Eisenhütten in Afrika. Beschreibung eines traditionellen Handwerks. 1991, 225 S., 192 Abb., € 20,50

7: Afrika
G. Best: Marakwet und Turkana. Neue Einblicke in die materielle Kultur ostafrikanischer Gesellschaften. 1993, 264 S., 2 Karten, 246 Abb., € 21,50

8: Bildarchiv
E. Ch. Raabe u. H. Wagner: Kulturen im Bild. Bestände und Projekte des Bildarchivs Museum für Völkerkunde Frankfurt am Main. 1994, 280 S., 222 Abb., € 24,50

9: Amerika
G. Verswijver: Kaiapo. Materielle Kultur – spirituelle Welt. 1995, 363 S., 218 Abb., € 29,70

10: Indonesien
R. Barnes: Vergangenheit und Gegenwart in Ostindonesien: Die Vatter-Sammlung im Museum der Weltkulturen, Frankfurt am Main (ca. 380 S.; erscheint voraussichtlich Frühjahr 2003)

Reihe „Roter Faden zur Ausstellung"
Ausstellungskataloge,
Format 13 x 18 cm

11
M. Stötzel: Botschaften aus Südafrika. Kunst und künstlerische Produktion schwarzer Künstler. 1987, 156 S., 81 Abb., € 5,10

12/13
M. Münzel (Hrsg.): Neuguinea. Nutzung und Deutung der Umwelt. 1987, 2 Bde., 408/317 S., 132/62 Abb., € 12,80/10,20; zusammen € 17,90

14/15
M. Münzel (Hrsg.): Die Mythen sehen. Bilder und Zeichen vom Amazonas. 1988, 2 Bde., 455/308 S., 286/176 Abb., € 12,80/11,30; zusammen € 18,90

16
U. Sagaster: Die Baltis. Ein Bergvolk im Norden Pakistans. 1989, 275 S., 139 Abb., € 11,30

17
M. S. Cipoletti: Langsamer Abschied. Tod und Jenseits im Kulturvergleich. 1989, 319 S., 153 Abb., € 15,30

18
Th. Schunk u. B. Armbruster: Gold aus Mali. 1991, 225 S., 117 Abb., € 7,70

19
E. Ch. Raabe (Hrsg.): Mythos Maske. Ideen, Menschen, Weltbilder. 1992, 293 S., 101 Abb., € 9,20

20
M. B. Suhrbier (Hrsg.): Fremde. Die Herausforderung des Anderen. 1995, 274 S., 53 Abb., € 9,20

21
G. Kroeber-Wolf u. P. Mesenhöller (Hrsg.): Talofa! Samoa, Südsee. Ansichten und Einsichten. 1998, 454 S., 151 Abb., € 14,30

22
M. Suhrbier u. E. Raabe (Hrsg.): Menschen und ihre Gegenstände. Amazonien – Ozeanien. 2001, 336 S., 93 SW-Abb., 31 Farbtafeln, € 19,90

23
A. Sibeth: Batak. Kunst aus Sumatra. 2000. 191 S., 182 Abb., € 23,00 (Format 21 x 28 cm)

Bestelladresse:
Museum der Weltkulturen
Schaumainkai 29-37,
60594 Frankfurt am Main
Fon: (069) 212-35913,
Fax: (069) 212-30704